PHOTOGRAPHIES HERVÉ FABRE - TEXTES JEAN-RICHARD FERNAND

COLLECTION GRANDS VINS DE PROVENCE

Brève histoire
du vignoble varois...

Première destination touristique de France après Paris, le département du Var doit son attrait à la splendeur de sa bordure maritime, la diversité de ses paysages et son ensoleillement exceptionnel.

Littéralement béni des dieux, il reçoit depuis 26 siècles les grâces singulières de Bacchus, divinité de la vigne et du vin. En ces temps lointains, les Phocéens débarquant sur nos côtes viennent initier la culture de la vigne, présente à l'état sauvage depuis toujours. Des traces remontant à plusieurs millénaires en ont été relevées près de Salernes. Les Romains leur succéderont à partir du IIème siècle avant J.C. Ils vont y développer considérablement la viticulture et l'œnologie, qu'ils maîtrisent avec éclat, pratiquant déjà le contrôle des températures par immersion des amphores, ou la clarification des vins par collage au blanc d'œuf! Admirable persistance de l'histoire: nombre de domaines présentés ci-après reposent sur d'anciennes «villaes» romaines, témoignant pour l'époque d'une remarquable science (ou intuition?) du terroir.

Après leur départ, le vignoble varois connaîtra une longue période de langueur, avant un nouvel essor au Moyen-Age, instauré par les principaux ordres monastiques voisins (abbayes Saint Victor de Marseille et Lérins de Cannes). Ils laisseront également sur la viticulture provençale une empreinte indélébile, encore aisément perceptible de nos jours. D'illustres figures royales deviendront les meilleurs émissaires de ces vins auprès des cours européennes, comme Eléonore de Provence (1223-1291) lorsqu'elle accède au trône d'Angleterre en épousant le roi Henri III. Le bon roi René (1409-1480), duc d'Anjou et de Lorraine, roi de Naples et de Sicile - mais d'abord comte de Provence - était surnommé le roi-vigneron, en gage de son implication en la matière.

De nos jours, les domaines viticoles varois constituent un attrait hautement privilégié aux yeux de célèbres stars planétaires, de grand capitaines d'industrie et de quelques hauts dignitaires incognito. Les sommités du vignoble bordelais, bourguignon et champenois n'échappent pas à cet engouement: la richesse des terroirs, la variété des cépages et l'infini potentiel d'assemblages leur offrent un champ d'expérimentation sans égal.

Hectares du Var: Nectars du Var!

Sommaire

- 4 Introduction
- 8 Les appellations
- 10 Les cépages varois

- 14 Domaine de l'Amaurigue
- 18 Domaine de la Bégude
- 22 Château de Berne
- 26 Château de Brégançon - *Cru classé*
- 30 Château La Calisse
- 34 Château La Castille
- 38 Château Vert
- 42 Clos Mireille - *Cru classé*
- 46 Clos des Roses
- 50 Commanderie de Peyrassol
- 54 Domaine de la Croix - *Cru classé*
- 58 Château Les Crostes
- 62 Château Des Demoiselles
- 66 Château Fontainebleau
- 70 Château Font du Broc
- 74 Château Gasqui
- 78 Domaine de Gavaisson
- 82 Domaine du Jas D'Esclans - *Cru classé*
- 86 Château Leoube
- 90 Château Maïme
- 94 Château Margilliere
- 98 Château Minuty - *Cru classé*
- 102 Château d'Ollières
- 106 Château Palayson
- 110 Château Paradis
- 114 Château de Pibarnon
- 118 Domaine Rabiega
- 122 Château Rasque
- 126 Château Réal d'Or
- 130 Château Roubine - *Cru classé*
- 134 Château du Rouët
- 138 Domaine Saint Andrieu
- 142 Château de Saint-Martin - *Cru classé*
- 146 Château Saint Maur - *Cru classé*
- 150 Sainte Croix la Manuelle
- 154 Domaine Sainte Marie
- 158 Château des Sarrins
- 162 Château Thuerry
- 166 Château Vaudois
- 168 Château Vignelaure

- 176 Adresses des domaines
- 178 Glossaire

Appellations A.O.P. varoises

Côtes de Provence

Décret d'application du 24/10/1977. Elle regroupe 84 communes, dont 68 dans le Var, sur environ 20000 hectares. Les rendements y sont limités à 55 hl/ha (45 en moyenne réelle). Elle distingue déjà 4 dénominations «Terroir»: Sainte Victoire, Fréjus, La Londe et Pierrefeu; une cinquième, baptisée «Notre Dame des Anges» est en cours d'instruction. Sols majoritairement calcaires au nord et à l'ouest, cristallins au sud et à l'ouest.

Bandol

Il s'agit de la plus ancienne, son décret d'application remonte au 11 Novembre 1941. Elle regroupe huit communes, sur une superficie totale de 1500 hectares. Ses rendements sont limités à 40hl/ha (environ 35 en moyenne réelle). Les vins rouges doivent vieillir au moins 18 mois en fûts de chêne. Les sols silico-calcaires comprennent éboulis du crétacé, trias, grès et marnes du santonien.

Côteaux Varois en Provence

Décret d'application du 30/03/2009. Elle s'étend sur près de 2500 hectares, et se compose de 28 communes. Les rendements y sont limités à 59hl/ha (moins de 50 en moyenne réelle). Les sols argilo-calcaires alternent avec des zones de gravettes et silex.

Côteaux d'Aix en Provence

Décret d'application du 24/12/1985. Elle s'étend sur environ 4000 hectares, et comprend 49 communes; deux se situent dans le Var: Rians et Artigues. Les rendements sont limités à 60hl/ha (moins de 50 en moyenne réelle). Sur le territoire varois, les sols sont argilo-calcaires, avec grès.

Les Cépages
des A.O.P. varoises

Rouges et Rosés

LE CABERNET-SAUVIGNON
Originaire du Bordelais, il s'accorde parfaitement avec ses homologues varois. Très riche en tanins, il présente une robe profonde. Avec son aptitude au vieillissement, son nez de poivron vert et ses arômes de cassis, il engendre des vins de haute lignée.

LE CARIGNAN
Originaire d'Espagne, il fut longtemps le plus répandu de Provence. Très coloré et riche en tanins, il apporte de la charpente aux assemblages. Ses plus anciennes vignes peuvent donner des vins remarquables.

LE CINSAULT
D'origine provençale, résistant parfaitement à la sécheresse, ce cépage très aromatique fait merveille dans les assemblages de rosé pour sa fraîcheur et sa finesse.

LE GRENACHE
Originaire d'Espagne, il apprécie les terres chaudes, sèches et ventées, et offre un potentiel de longue garde. Dans les assemblages de rosé, il apporte corps, alcool, longueur et bouquet.

LE MOURVÈDRE
De maturation lente, sensible au froid, il préfère les terroirs chauds et calcaires (on dit qu'il doit regarder la mer). Riche en alcool, il présente des tanins fins et puissants, et donne des vins structurés, souples et charnus, de très longue garde.

LA SYRAH
Ses baies noires très concentrées donnent des vins nobles, de longue garde, si l'on en maîtrise les rendements. Ses arômes complexes de violette, banane, griotte, offrent rondeur, puissance et élégance.

LE TIBOUREN
Le Var est son terroir de prédilection. Ses arômes et son bouquet, très prisés en monocépage rosé, permettent des assemblages audacieux, mais toujours éclatants.

Blancs

LE BOURBOULENC
Originaire de Grèce, très ancien en Provence, il est plus répandu en Languedoc sous le nom de malvoisie. Tardif et rustique, il apporte aux vins finesse et moelleux.

LA CLAIRETTE
Très ancien cépage provençal, adapté aux sols pauvres et secs. Ses petits raisins à peau épaisse mûrissent tardivement. Elle offre des vins riches en alcool, aromatiques et bouquetés.

LE GRENACHE BLANC
Vif, aromatique et charnu, il apporte beaucoup de fruit dans les assemblages.

LA MARSANNE
Originaire de la vallée du Rhône, elle offre des arômes capiteux tirant parfois sur l'amande.

LE MUSCAT BLANC
C'est la plus ancienne variété de muscat; arômes très concentrés, notes de fleur d'oranger et d'épices.

LE ROLLE
D'origine ligure, frère du vermentino corse, ce très ancien cépage provençal fait la notoriété des vins de Bellet. Très robuste, il développe des arômes élégants d'agrumes et de poire, et apprécie le vieillissement en bois.

LE SAUVIGNON
Très répandu sur la planète, parfaitement adapté aux vins de Loire, il réclame des rendements maîtrisés. Ses arômes intenses de fruits verts, de fleurs blanches, et sa minéralité en finale apportent aux vins blancs secs élégance, finesse et équilibre.

LE SÉMILLON
Leader mondial des cépages blancs, riche en sucre, il constitue l'élément essentiel du Sauternes. En Provence, on l'utilise pour son gras, sa rondeur et sa touche de miel.

L'UGNI BLANC
Cépage blanc le plus répandu en France et en Italie. Il donne des vins frais, peu acides et solidement charpentés. Bien maîtrisé, il offre des arômes fins et fruités.

Dès l'époque de ses premières vendanges, Dick De Groot a nourri pour le vin une passion jamais démentie. Séduit par la Provence depuis plus de 30 ans, il entraîne un jour son épouse Eugénie dans la quête d'un domaine viticole situé dans cette région bénie. En 1998, le couple tombe sous le charme de L'Amaurigue. Ce domaine, situé au cœur du Var, abrite une ancienne ferme viticole et étend ses 150 hectares dans un écrin boisé formant une arène protectrice. Le nouveau maître des lieux en pressent d'emblée l'immense potentiel œnologique. Il entreprend aussitôt la rénovation des bâtiments techniques et d'habitation, puis celle du vignoble. Une cave de vinification est installée, privilégiant le travail par gravité; la cuverie est entièrement thermo-régulée, avec inertage automatique. Enfin, un chai d'élevage d'une capacité de 200 barriques est installé en sous-sol dans l'ancienne bergerie voûtée.

Le vignoble compte actuellement 40 hectares reposant sur un terroir argilo-calcaire profond, et jouit d'un climat semi-continental aux bénéfiques amplitudes thermiques.

Les rendements moyens oscillent autour de 40 hl/ha. Les plus vieilles vignes sont récoltées à la main; la chronologie des récoltes est établie à la carte, pour un contrôle précis de la maturation des baies.

La première vinification a vu le jour en 2000. Cinq ans plus tard, Jean-Marie Quef, jeune ingénieur agronome, œnologue, formé chez les plus grands (Leflaive en Bourgogne, Petrus à Bordeaux) insuffle en cave et sur le terroir sa riche expérience. Aujourd'hui, il assure la gestion du domaine avec son épouse Alice, en parfaite symbiose avec les propriétaires et leur fille Fleur qui assure la promotion des ventes sur la Hollande et la Belgique.

Deux cuvées tricolores sont proposées: «Domaine de l'Amaurigue» illustre le savoir-faire maison. La cuvée «Fleur d'Amaurigue» (en hommage paternel) provient d'attentives sélections parcellaires: le rosé (80% grenache, cinsault) est vinifié traditionnellement avant clarification et une seule filtration. Le blanc, issu des plus anciennes vignes de rolle vendangées à la main, est vinifié «à la bourguignonne»

après fermentation alcoolique en fûts de chêne 1/3 neufs. Il y est élevé 6 mois sur lies fines, avec bâtonnages. Le rouge, à grande majorité syrah vendangée en légère surmaturité, est élevé en barriques de 1 à 3 vins durant 14 mois. Nantie d'un palais affûté, Eugénie De Groot participe activement aux assemblages.

L'œnotourisme au domaine propose, d'avril à septembre, la location d'une salle de réception pouvant accueillir 100 à 200 convives, qui s'ouvre sur la nature en majesté. Une suite nuptiale est mise à disposition des mariés. Au long de l'été, se déroulent diverses manifestations culturelles (expositions artistiques, rencontres à thème).

Il aura suffi de 15 années pour que le domaine de l'Amaurigue soit hissé de l'anonymat complet jusqu'à la consécration d'un savoir-faire et d'un terroir d'exception, grâce au travail conjoint de deux familles unies dans une même ambition de qualité.

Domaine de la Bégude

Situé sur la partie la plus élevée et la plus septentrionale de l'appellation, le domaine couvre un demi-millier d'hectares d'un seul tenant, à plus de 400 m d'altitude. Il toise ainsi l'ensemble du vignoble bandolais et porte le regard jusqu'aux îles de Bendor et des Embiez. Le lieu témoigne également d'un riche passé: le chai de La Bégude est installé dans une ancienne chapelle mérovingienne datée du VIIème siècle. Les terres ont fait partie de la Seigneurie de Conil, mentionnée en 966 sur le cartulaire de Saint Victor.

Lorsqu'il acquiert La Bégude, en 1996, Guillaume Tari - qui a grandi parmi les vignes parentales de Château Giscours - est bien conscient que son patronyme le condamne au succès. Déjà, au XVIIIème siècle, la famille Benet, propriétaire des chantiers navals de La Ciotat, y avait développé à haut niveau le vignoble et l'oliveraie - preuve que le terroir «en avait sous le pied». Assisté de son épouse Solédad, le nouveau maître des lieux entame sa résurrection. Il va redresser les superbes alignements de restanques écroulées et envahies par le maquis. Parallèlement, il procède à la restauration intégrale des bâtiments nobles en souscrivant à l'antique règle architecturale du «nombre d'or» et leur dessine d'élégants jardins intimes.

Les vignes s'étendent aujourd'hui sur 20 hectares, disséminés sur près de 30 parcelles. Elles sont conduites en agriculture biologique (certifiée Ecocert) depuis 2005, et reposent sur des sols argilo-marneux sur socle calcaire. Largement trentenaires, elles conservent de très anciens mourvèdres aux rendements inférieurs à 20hl/ha Sur ces sommets balayés par le mistral, les raisins sont assainis et mûrissent doucement grâce aux fortes amplitudes thermiques. Les vendanges sont entièrement manuelles, avec double tri et éraflage total.

[...]

Domaine de La Bégude - A.O.P. Bandol - présente un blanc issu de clairette (60%), rolle (20%) et ugni blanc (20%) vinifié en cuves, entonné à chaud et élevé en barriques (non neuves) durant 6 mois. Le rouge (mourvèdre 90%, grenache 10%) fermente 8 à 10 jours; sa malolactique s'effectue durant l'élevage en demi-muids (entre 18 et 30 mois). Régulièrement soutiré, il n'est ni collé, ni filtré. La cuvée «La Brûlade» (95% mourvèdre) est issue des plus hautes parcelles; très longuement macérée, elle sera élevée 24 mois en demi-muids également. Le rosé «Bandol by Bégude» (mourvèdre 60%, grenache 35%, cinsault 5%) provient de vignes aux rendements limités à 24 hl/ha; il sera élevé deux mois sur lies fines. Enfin, le rosé «Irréductible», né sous l'appellation Bandol et désormais qualifié Vin de France, est issu des plus anciens mourvèdres (70%) et grenaches (30%), dont les rendements n'excèdent pas 20hl/ha. Il présente une robe corail, offre vinosité et longueur, et promet une garde de … six ans!

Selon l'ancien dialecte provençal, «Beguda» évoque le lieu où l'on boit. Au Moyen-Age, des cohortes de pèlerins venaient ici rendre grâces aux reliques de Saint Antoine de Padoue. Ceux d'aujourd'hui (qui disposent de plusieurs chambres d'hôtes ouvertes à l'année) prosternés devant ces dives bouteilles, y révèrent plutôt Bacchus…

Président de l'appellation Bandol depuis mars 2015, Commandeur de l'Ordre Illustre des Chevaliers de Méduse, Guillaume Tari peut contempler avec Solédad, l'œuvre accomplie depuis vingt ans: eux aussi comptent parmi les gloires de leur appellation. À souligner enfin, la belle démarche caritative et culturelle du couple, qui a récemment organisé dans ses chais, un concert en faveur des chrétiens d'Orient. Merci pour eux.

Château de Berne

Château de Berne étend ses 500 hectares de terres sur un ancien carrefour de la Via Aurélia, où les Romains - heureux augures! - cultivaient déjà la vigne. En témoigne la découverte ici-même d'un four de l'époque, où l'on fabriquait les amphores destinées au transport du vin par bateau. Au XIIème siècle, Raymond V, Comte de Toulouse et Marquis de Provence, cède le domaine aux Cisterciens récemment installés à proximité (Tourtour, puis Le Thoronet). Le séjour de Bernard de Clairvaux, fondateur de l'Ordre, serait à l'origine du nom de Berne. Cet intermède monastique sera suivi d'une courte occupation templière - mais en 1307, les terres sont confisquées par Philippe Le Bel, qui les transmet au marquis de Villeneuve; sa noble descendance provençale les conservera durant plusieurs centaines d'années. Exactement sept siècles après l'annexion royale, c'est un homme d'affaires britannique qui en tombe amoureux et décide d'y élever au plus haut l'art de vivre provençal, à travers la renommée de ses vins et de ses paysages.

Le domaine est désormais en mesure de répondre parfaitement à cette louable ambition. En quelques années, son vignoble passe de 80 à 125 hectares; il repose sur une assise argilo-calcaire rocheuse en coteaux, plus sableuse en plaine. Orienté sud-sud-est, il est protégé par les forêts qui l'entourent; son micro-climat continental, à 320 mètres d'altitude, autorise des vendanges tardives pour une parfaite maturité des baies.

[...]

Travail en culture raisonnée avec amendements organiques, maîtrise des rendements sont ici la règle. D'énormes investissements sont destinés aux plus performants matériels de la cave et à l'agrément du caveau.

Le terroir peut ainsi aligner une grande diversité de cuvées, dont «Château de Berne» constitue l'apogée. Le rouge, issu de syrah et cabernet-sauvignon, est vinifié par parcelles, avec cuvaison de 3 semaines, puis élevé 12 mois en barriques. Le rosé (grenache, et cinsault) est issu de saignée; après égrappage total puis débourbage à froid, il est élevé en cuves. Le blanc (sémillon, rolle) fermente en barriques avant élevage de 9 mois sur lies fines, avec bâtonnages. La cuvée «Terres de Berne» également tricolore, représente le savoir-faire du domaine dans la plus pure tradition provençale.

Ces dernières années, les travaux les plus importants ont été réalisés en faveur d'un oenotourisme de haute volée, afin d'accroître encore le chiffre de 30 000 visiteurs annuels: hôtel «Relais & Châteaux» 5 étoiles, spa de 800 m2, restaurant gastronomique «L'Orangerie» (3 fourchettes au guide Michelin, 60 couverts), brasserie «La Bouscarelle»...

À l'extérieur: grand amphithéâtre pour les concerts et spectacles, balades dans les vignes (à pied, à vélo, ou en quad), piscine à débordement, potager...
Journées à thème également: marchés de Noël, brocantes, festivals, sans oublier les cours de cuisine avec le chef et la découverte des vins à la cave. Une étape ludique, hédoniste et culturelle, fleuron du département.

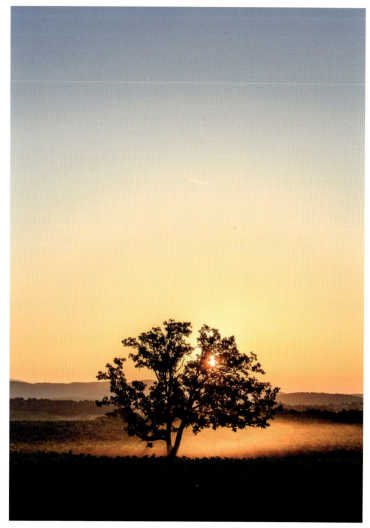

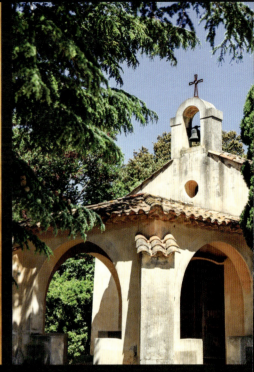

S i l'Eden m'était dépeint, il s'apparenterait à Brégançon… Entouré de ses 450 hectares d'un seul tenant, le Château de Brégançon fut érigé au début du XVIIIème siècle sur un ancien marquisat, dont le fort aujourd'hui résidence présidentielle, était le fief. Sa terrasse de 800m2, parsemée d'immenses palmiers, domine une forêt de pins et de chênes dont le vert sombre tranche avec la mer et ses dégradés de bleus avec en toile de fond les Iles d'or.

Site classé, le lieu appartient depuis deux siècles aux descendants d'Hermann Sabran. Cet avocat lyonnais, administrateur des Hospices Civils de sa ville, avait pour projet de construire sur le site un hôpital à la mémoire de sa fille Renée, décédée à l'âge de huit ans. Le lieu étant difficile d'accès à l'époque, l'hôpital vit le jour sur la presqu'île de Giens.

En parallèle, Hermann Sabran participe à l'expansion du vignoble. Celle-ci ne s'est jamais interrompue au fil des générations.

Georges Tezenas, époux de Marguerite Sabran, donne un élan supplémentaire à l'exploitation en participant en 1955 à la création des «crus classés» des Côtes de Provence. Son fils, Jean-François, a continué à faire évoluer l'exploitation en replantant des cépages nobles qui permirent de placer les vins parmi les meilleurs de l'Appellation. En 2011, son fils Olivier Tezenas, aujourd'hui en charge de l'exploitation, lui a donné une considérable impulsion en construisant une cave dotée d'une technologie de pointe, ainsi qu'un élégant caveau d'accueil. L'ensemble s'inscrit en parfaite harmonie avec ce lieu empreint d'histoire.

Le vignoble de 56 hectares repose sur un sol argilo-siliceux minéral, schisteux en coteaux. Les vignes, en pleine maturité, approchent du demi-siècle; les plus anciennes sont vendangées à la main aux aurores. Le travail manuel y est privilégié avec la pratique d'une culture raisonnée.
Le Château de Brégançon décline deux cuvées en «Cru Classé» dans les 3 couleurs: la cuvée «Réserve du Château» et la cuvée «Prestige», fruit d'une rigoureuse sélection de cépages et de parcelles.

Depuis peu, deux cuvées d'exception viennent enrichir la gamme. La cuvée «Isaure», hommage à la petite-fille d'Olivier, offre un rosé explosif, issu de cinsault, grenache et de rolle. La cuvée rouge «Hermann Sabran», à base de syrah, mourvèdre et Carignan, (vinifiée en barrique) rend hommage quant à elle au visionnaire ancêtre et décroche d'emblée une médaille d'or au concours général agricole de Paris.

En complément de la dégustation au caveau, un parcours pédagogique (sur demande) est initié par Sabine Tezenas, épouse d'Olivier; il permet de découvrir «in situ» les différents cycles de la vigne et le travail du vigneron.
Enfin, la somptueuse terrasse prête son cadre idyllique à des mariages et autres événements familiaux ou professionnels.

On souhaite que pareille saga ne s'éteigne pas. Parmi les cinq enfants d'Olivier et Sabine, Albéric, seul garçon, entame sa vie d'adulte à longues foulées: un pied dans le marketing international, l'autre solidement ancré dans le fabuleux terroir. Rien d'incompatible…

Château La Calisse

Aligné comme à la parade, l'éblouissant tapis de lavandes vous invite à la découverte du vignoble qui entoure son élégante bastide. L'ensemble se niche au creux d'une vaste conque face aux monts du Bessillon et aux ruines du château de Pontevès, ancien fief de l'illustre famille Sabran. Château La Calisse s'étend sur une centaine d'hectares, et tire son nom de l'époque où ses champs d'amandiers pourvoyaient les ateliers de calissons d'Aix, mais il recèle des vestiges attestant une activité viticole depuis l'occupation romaine.

C'est en 1991 que Patricia Ortelli s'en empare «littéralement»: aux enchères !

Fraîche émoulue de l'Ecole du Louvre, rien ne la destinait à pareille inclination, hormis ses heureux souvenirs d'enfance attachés aux senteurs des terres paternelles. La jeune néophyte décroche dans la foulée son brevet d'œnologie-viticulture, puis s'empresse de reconstituer totalement le vignoble, désormais orienté nord-sud, et de le conduire en agriculture biologique, certifiée Ecocert depuis 1996. D'énormes travaux de drainage et de nivellement y sont accomplis avec implantation de cépages nobles. Situé à 380 mètres d'altitude, sous un microclimat continental, il repose sur une colline de dolomies calcaires du jurassique.

Le domaine comprend aujourd'hui 12 hectares de vignes en production, bientôt agrandies par une nouvelle parcelle consacrée aux cépages blancs. L'ensemble des interventions s'effectue manuellement: griffes et labours «à l'ancienne»; écimage, effeuillage, égrappage afin de maintenir des rendements inférieurs à 35 hl/ha. Vendanges également manuelles, avec une drastique sélection des grappes recueillies en cave par gravité.

[...]

Là, des cuves thermo-régulées à eau réfrigérée font des miracles sur la maîtrise des températures; et l'on procède à des micro-vinifications afin d'extraire et de mettre en valeur le maximum d'arômes.

Les vins blancs de Château La Calisse sont issus de trois cépages: rolle, clairette et grenache blanc, qui composent la cuvée traditionnelle, ainsi que la très élitiste cuvée «Etoiles», vinifiée 3 mois en barriques de chêne neuf. La cuvée «Patricia Ortelli» (rolle, grenache blanc) est élevée sur lies fines tout l'hiver. Les deux rosés (cuvée «Château» et «Patricia Ortelli») sont vinifiés à l'identique: macération légère, pressurage direct; ils sont issus des mêmes cépages syrah, grenache, mais le second est élaboré à partir des plus anciennes parcelles. Pour les trois rouges: «Château» (syrah, grenache) fermente en cuves ciment 8 à 10 jours avec remontages réguliers. «Patricia Ortelli» pareillement vinifié, sera élevé pour partie en bois, environ 3 mois. Enfin, le confidentiel rouge «Etoiles» sera élevé durant 6 mois en fûts de chêne neuf (moyenne chauffe). Les récompenses pleuvent chaque année sur l'ensemble de ces vins. Un seul exemple, toutefois: lors des prix attribués à la cuvée sélectionnée en Coteaux Varois 2015 par le Conseil Départemental du Var, Château la Calisse a décroché... les trois médailles d'or: rouge, rosé, et blanc.

Un quart de siècle plus tard, l'audacieux virage entamé par l'artiste en herbe se révèle plus clairvoyant qu'il n'y paraissait alors: à ce niveau d'excellence, le vin, c'est aussi de l'art.

Château La Castille

Les premières traces écrites évoquant les terres de La Castille remontent au XVème siècle, sous le règne du «Bon Roi René», Duc d'Anjou et Comte de Provence. Le domaine fait alors partie des possessions de Palamède de Forbin, Grand Lieutenant de Provence, qui sera l'artisan du rattachement de la Provence à la Couronne de France en 1481. Au début du XVIIIème siècle, la propriété est acquise par Louis de Selle, Trésorier Général de la Marine et Conseiller du Roi: c'est lui qui vers 1730 fera construire le château sous sa forme actuelle, ainsi que l'immense cave souterraine de pierre voûtée en plein cintre. Après un siècle de stabilité, la propriété est acquise par la famille Aubert, prospères soyeux lyonnais qui procéderont à son expansion. Restés sans descendance après la mort de leurs deux enfants, Berthe et Frédéric Aubert lègueront La Castille à l'Eglise de Fréjus-Toulon en 1922, souhaitant qu'elle soit consacrée à l'accueil et à la formation de futurs prêtres. En 1929, le Grand Séminaire y ouvrira ses portes, et une chapelle sera érigée. Depuis 1979, La Castille est reconnue d'utilité publique dont la mission - également humanitaire et sociale - est assurée en partie par les revenus de l'exploitation viticole.

Bordé par le fleuve Le Gapeau et son affluent le Petit Réal, le vignoble de 160 hectares recèle 24 cépages différents, en majorité provençaux. La variété des sols au cœur de ce sillon permien (superposition d'alluvions schisto-granitiques et de gravoches calcaires appelées la Crau d'Hyères) constitue un terrain d'expérimentation idéal pour illustrer le potentiel du terroir provençal.

[...]

Château **La Castille**

En A.O.P. Côtes de Provence, Château La Castille vinifie sur un mode traditionnel les blancs (rolle, ugni blanc) et les rosés (grenache, cinsault, mourvèdre, tibouren...). Avec la complicité de son directeur Jean-Jacques Soullié, la jeune équipe du domaine a imprimé sa «patte» sur diverses spécialités, dont un rouge issu de syrah, cabernet-sauvignon et carignan, qui passe en fermentation longue et micro-oxygénation avant fermentation malolactique. Elle propose aussi d'intéressants monocépages sur les trois couleurs (tibouren, sauvignon, merlot) et une élégante «Cuvée du Séminaire» également issue de merlot, en version boisée plus virile ; sans oublier un étonnant rosé tout en Muscat de Hambourg et opportunément baptisé «Misstral» pour en

souligner le caractère féminin. Elitiste, le rouge «Aubert de la Castille» (syrah, cabernet-sauvignon) est issu des meilleures parcelles: après une longue cuvaison, il sera élevé 10 mois en fûts (un tiers bois neuf). Tannique, charpenté et puissant, il mérite une longue garde. Les assemblages s'effectuent en décembre et janvier, sous la fidèle égide de l'œnologue Richard Bertin.

Havre de paix et de recueillement, la Fondation offre restauration et hébergement aux amateurs de retraite contemplative. Longues allées de platanes gigantesques, apaisants bords du Gapeau, anciens moulins à farine et à huile, parcours accrobranches tous niveaux attirent même les visiteurs d'un jour pour une diversion bienfaisante du corps, de l'esprit, ou... du palais.

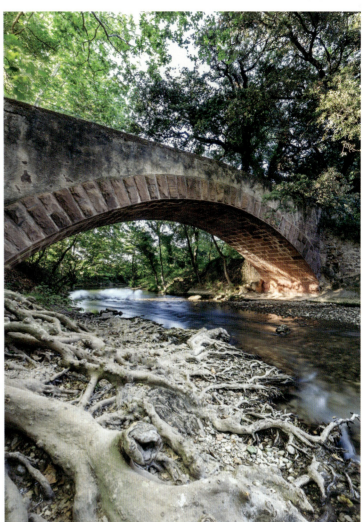

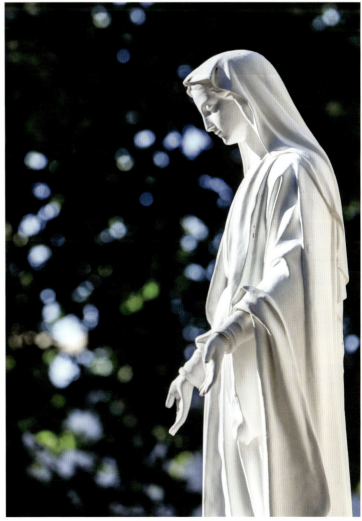

Le virus du vigneron, Robert Ghigo l'a attrapé au cours de sa prime enfance. C'est Edouard, son grand-oncle, qui le lui a transmis en le guidant avec tendresse et pédagogie parmi ses modestes arpents du Haut-Var. Une longue carrière de gérontologue que l'on aurait pu croire salvatrice en a cependant retardé les effets. Jusqu'en 2010, date à laquelle Robert, choisissant de changer de vie à la cinquantaine entamée, déclare une fièvre dont on ne guérit jamais : celle que donne aux hommes le travail de la terre et du raisin.

Il acquiert alors Château Vert, l'une des plus anciennes propriétés de l'actuelle appellation La Londe : elle est cadastrée dès le XVIIème siècle. D'emblée, il entame de lourds mais nécessaires travaux afin de tirer le meilleur parti de son domaine. Il s'attaque ainsi au drainage de ses champs pour se protéger autant qu'il le peut des furieuses inondations qui, chaque année ou presque, sévissent dans la commune. Il bâtit le caveau de vente quasiment de ses propres mains. Surtout, il remanie entièrement le vignoble, et le porte à 30 hectares.

Ses rangs coulent tranquilles entre des bois classés et la mer, un environnement idéal pour la vigne, celle-ci profitant pleinement d'une fraîcheur nocturne bénéfique. Alternant schistes et argiles, les sols permettent de tirer des nuances aussi belles que variées des cépages rois des Côtes de Provence: syrah, grenache, cinsault. En marge de l'appellation, le maître des lieux cultive 6 hectares en IGP pour pouvoir s'affranchir parfois des règles de l'AOP. Cette liberté a permis la naissance d'un rosé 100% syrah d'une élégante facture. Elle s'exprime pareillement à travers le muscat petits grains qui, récemment complanté, promet à son tour de belles réussites.

S'il avoue un faible pour sa cuvée Château Vert rouge, bel assemblage de grenache, syrah, mourvèdre et carignan, Robert Ghigo aime tout autant ses rosés, de beaux vins qui lui ramènent régulièrement les médailles des plus grands concours du pays. Elles récompensent une rigueur, une exigence sans faille. Car ici, on vendange encore à la

main, on ne travaille que les jus de goutte et les premières presses, on veille à maîtriser les températures au degré près pour que le vin développe de riches arômes sans entacher sa belle robe claire.

Quintessence de ce savoir-faire : la cuvée Séduction. C'est un rosé ambitieux, fruit des meilleures vignes de la propriété. Sa robe pâle, son nez racé, à la fois fruité et minéral, sa bouche intense, son équilibre le destinent à de vrais moments de gastronomie, à de belles agapes aux parfums de Méditerranée. Nadine, épouse de Robert, ne manque jamais de le souligner quand elle le fait déguster en son caveau. Tout comme Alexandre, l'aîné de la famille, quand il sillonne les routes du Var, à la rencontre des meilleures caves et des restaurants les plus gourmands de la région. Le fils de Robert a en effet fini par rejoindre son père dans sa belle aventure: il est aujourd'hui le responsable commercial du domaine. Le virus semé par le grand-oncle Edouard a encore sévi !

Clos Mireille - *Cru Classé*

En préambule, quelques notes d'histoire s'imposent pour rendre hommage à une illustre figure du vignoble varois, fondateur d'une lignée de grands vignerons. En 1912, Marcel Ott, ingénieur agronome d'origine alsacienne, crée son premier domaine viticole à Taradeau, sur les terres du Château de Selle. Il y instaure sa philosophie, visionnaire pour l'époque (!), d'une exigence de qualité impartie à tous les stades de la vigne : respect de la nature et maîtrise des rendements. C'est là qu'il élabore un authentique rosé, le mythique «Cœur de Grain». Dans les années 1920, il assure la gérance du Clos Mireille qu'il acquiert en 1936: son légendaire «Blanc de Blancs» y verra le jour peu après. Vingt ans plus tard, sa famille achètera le Château Romassan situé sur l'appellation Bandol. Ces trois domaines vont alors s'inscrire dans la grande histoire viticole de la Provence.

L'aristocratique demeure XVIIIème aux bâtiments annexes harmonieusement intégrés, est entourée de cocotiers séculaires évocateurs d'un ensoleillement optimal. Le domaine étire ses 170 hectares jusqu'à la mer non loin du fort de Brégançon. Le vignoble, remanié pour un tiers en 2002, utilise ses propres greffes sur des pieds américains. Il est désormais consacré paritairement aux rosés et aux blancs; ses plus anciennes vignes sont presque octogénaires. Il repose sur des sols d'argile très cailloureux et de schistes du bord de mer, sous un micro-climat dominé par les embruns.

[...]

Christian Ott, arrière-petit-fils de Marcel, est aujourd'hui à la tête du Clos Mireille, où il applique avec la même rigueur les préceptes édictés par son aïeul: «tout se joue à la vigne» affirme-t-il. Palissage et taille courte favorables à l'aération et au mûrissement des baies, ébourgeonnage pour maintenir les rendements à 45hl/ha, amendements en fumure organique et oligo-éléments sélectionnés pour la prévention des attaques procèdent de cet engagement.

C'est au Clos Mireille que sont élaborés les deux vins emblématiques évoqués plus haut. Le rosé «Cœur de Grain» qui a connu ici son premier millésime en 2007, est issu de grenache (70%), cinsault (20%) et syrah. Ses jus fermentent en cuves inox thermo-régulées

avant élevage sur lies fines; la fermentation malolactique est éludée; il sera mis en bouteille en avril. Le «Blanc de Blancs» issu de sémillon (70%) et rolle (30%), est entièrement récolté à la main, avec double tri très sélectif sur le rang puis en cave. Les jus fermentent puis sont élevés sur lies fines en foudres de chêne jusqu'au printemps. Ils seront alors mis en bouteilles pour y être conservés en cave pendant un an.

Après d'importants travaux de rénovation, l'une des maisons du Clos Mireille s'est récemment ouverte à l'accueil des clients professionnels: elle comprend 12 chambres élégamment aménagées. L'esprit «maison» ressenti dès l'entrée du caveau de dégustation s'y perpétue.

Les mânes de Marcel Ott veillent en paix sur son œuvre magnifiquement accomplie.

  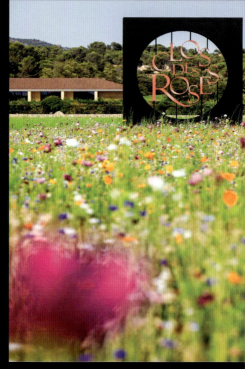

C'est en 2006 que la famille Barbero acquiert ce domaine de 36 hectares, quelque peu alangui au pied du massif de l'Estérel. Pressentant l'énorme potentiel de son terroir, elle entreprend aussitôt sa réhabilitation complète avec replantation de parcelles entières. Le vignoble comprend aujourd'hui 10 hectares en production, incluant 9 des plus nobles cépages provençaux, auxquels s'ajoutent le viognier rhodanien et le merlot bordelais. La cave adopte un équipement technologique de dernière génération, et l'on crée sous terre un chai à barriques destiné à l'élevage des rouges. Un caveau de dégustation élégant et fonctionnel complète l'ensemble.

Maître de chais et responsable technique du domaine, Nathalie Millo a entrepris depuis 2010 une démarche naturelle constante sur les vignes: utilisation de silice, purée d'orties, de pois et prêle, absence de désherbage.

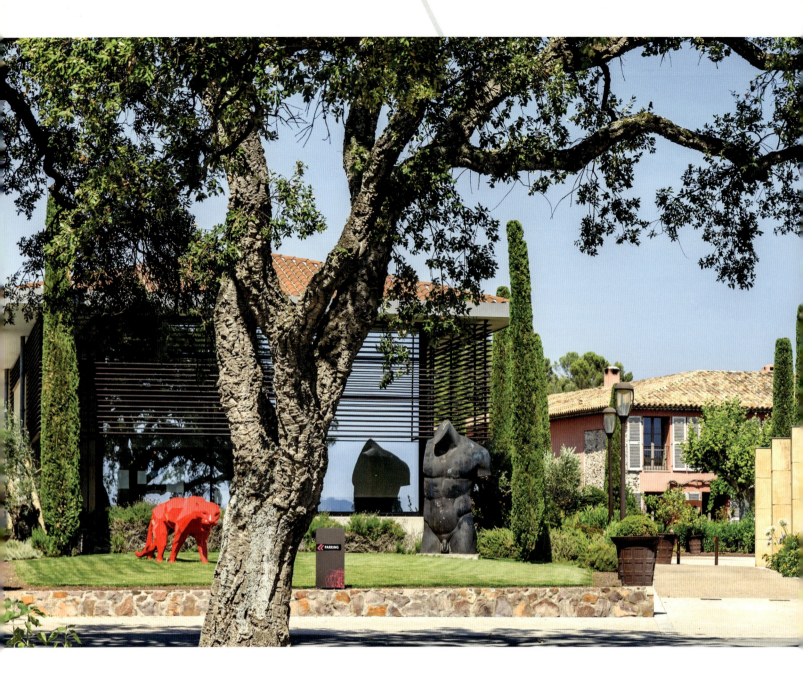

Sur ce terroir cristallin d'origine volcanique, aux roches rouges emblématiques de l'Estérel, sa démarche consiste d'abord à en magnifier l'expression. Maîtrise des rendements, vendanges entièrement manuelles, contrôle drastique des températures lors de la vinification sont autant de soins nécessaires à la sauvegarde des arômes - donc propices à l'élaboration de grands vins.

Le Clos des Roses élabore deux gammes complètes de vins d'appellation protégée. En I.G.P. Vin de Pays des Maures, la cuvée «Mademoiselle Rose» décline un rouge issu de merlot et syrah; un rosé cinsault et mourvèdre, et un blanc majoritairement viognier, puis sauvignon blanc. En A.O.C. Côtes de Provence, le blanc est entièrement issu de rolle. Le rosé est assemblé de grenache, syrah, cinsault, rolle et mourvèdre. Le rouge, issu à parité de syrah et grenache, sera élevé en fûts durant 12 à 18 mois selon millésimes. Enfin, toujours en A.O.C., le rosé de prestige baptisé «Dame de Cœur» est issu de grenache et syrah.

Le Domaine recèle La Chapelle du Christ-Roi, qui abrite plusieurs saints ; elle est ornée de peintures représentant le Jugement Dernier, réalisées par l'artiste local Régis Cauvin. La Bastide du Clos des Roses, érigée au cœur des vignes sur l'ancienne cave viticole, affiche un esprit contemporain, avec terrasse, jardin d'hiver, piscine à débordement, espace détente, spa et hammam. Des ateliers provençaux permettent de s'initier à la gastronomie et à l'œnologie, et l'on peut partir à la découverte de l'Estérel en quad. Le restaurant La Bastide vous invite à découvrir ses recettes inspirées du potager voisin. Enfin, une large part de l'accueil est consacrée à l'événementiel, avec salles d'exposition, de séminaires, ou de mariages, sans omettre l'hébergement qui comprend 8 chambres doubles d'élégante facture.

En quelques années, le domaine est devenu un pôle culturel incontournable de la région: expositions d'art, évènements ludiques, marchés locaux (Noël, Printemps...) s'y succèdent. Ainsi, c'est tout un art de vivre qui s'offre aux amateurs de vin, d'art et de gastronomie.

Commanderie de Peyrassol

Le domaine de Peyrassol étend ses 950 hectares de terres sur une ancienne commanderie templière, créée à l'aube du XIIIème siècle.

En 1307, le roi Philippe Le Bel fait arrêter les Templiers du royaume de France puis ceux de Provence dont il confisque les biens.
La Commanderie de Peyrassol revient à l'Ordre des Chevaliers de Malte, qui entretiendront le vignoble jusqu'à la Révolution: la Commanderie sera alors saisie par l'Etat au titre de «bien d'église». En 1790, la famille Rigord s'y établit pour deux siècles, durant lesquels la gestion sera assurée exclusivement par les Dames de Peyrassol.
Ultime figure de cette lignée, Françoise Rigord est l'artisan de l'essor qualitatif du vignoble, à partir de 1977.

Philippe Austruy acquiert le domaine en 2001. Amateur de grands crus, l'éminent collectionneur d'art contemporain va installer au cœur des vignes le plus fabuleux jardin de sculptures monumentales de France, réalisant ainsi l'osmose parfaite entre ses deux passions. Il n'en délaisse pas pour autant la vocation première du domaine, dont il confie la direction à son neveu Alban Cacaret.
La Commanderie de Peyrassol compte aujourd'hui 92 ha de vignes, étendues sur un plateau triasique au sol argilo-calcaire très pierreux. Situées à 330m d'altitude, sous un climat semi-continental, elles sont conduites en culture raisonnée.
Depuis 2013, un nouveau chai taillé dans la roche a vu le jour sous l'impulsion du grand œnologue Stéphane Derenoncourt, pour élaborer des rouges «identitaires». Rosés et blancs demeurent sous la tutelle de son confrère Pierre Guérin.

[...]

Trois cuvées «Côtes de Provence» président à la renommée du domaine. «La Commanderie» y reflète le savoir-faire vigneron sur son terroir. «Château Peyrassol», issu des plus anciennes vignes aux rendements très limités, en constitue l'excellence.

Le blanc (rolle, sémillon) macère longuement à froid et fermente en fûts neufs où il sera élevé sur lies durant 7 mois, avec bâtonnages hebdomadaires. Le rosé (cinsault, grenache, syrah, pointe de rolle et ugni blanc) passe en macération pelliculaire avant fermentation longue. Le rouge (cabernet-sauvignon, syrah) issu de vignes cinquantenaires, macère longuement avant élevage d'un an en fûts de chêne 1/3 neufs. Le «Clos Peyrassol» représente la cuvée d'exception: il ne verra le jour que dans les grands millésimes. En 2014 son rosé (75% tibouren, grenache, rolle) était à l'honneur. Issu de la parcelle éponyme, vendangé à la main et vinifié par cépages séparés avec assemblages des jus de goutte, il fut élevé en cuve inox.

Le domaine inaugurait en juillet 2015, une salle d'exposition de 800 m2, à l'architecture avant-gardiste, qui accueille les œuvres d'artistes contemporains parmi les plus renommés. De magnifiques salles de réception sont mises à disposition, ainsi qu'un parc de chasse de 350 ha. Des chambres d'hôtes à l'ambiance «provençal chic» sont proposées, ainsi qu'une délicieuse table d'hôte dressée sous la halle de la place du village.

Secrètement déployée au cœur du département, La Commanderie de Peyrassol offre ainsi une étape de rêve pour découvrir ses vins entre les murs empreints de sa chevaleresque histoire provençale.

Domaine de la Croix - *Cru Classé*

En plein coeur d'un littotal paradisiaque, entièrement protégé et classé, le Domaine de La Croix étend ses 180 hectares entre le golfe de Saint-Tropez et la baie de Cavalaire. Dans son proche voisinage, le cap Lardier et le cap Taillat déroulent leurs paysages grandioses jusqu'à l'horizon maritime.

Séduit - tant par son fabuleux environnement que par son immense potentiel viticole - le Groupe Bolloré l'acquiert en 2001, et entame aussitôt la refondation du vignoble.
Plus récemment, l'ancienne ferme agricole implantée au cœur du domaine s'est transformée de fond en comble selon un choix architectural transcendant. Les nouveaux bâtiments, entièrement souterrains, comprennent désormais une cave de 3000 m2, abritant cuves inox et chais à barriques.
L'ensemble souscrit à la lettre aux exigences d'intégration, les toits-jardins se fondant parmi les vignes étendues jusqu'à la mer, leur terre offrant de surcroît un parfait isolant.

Le domaine comprend aujourd'hui une centaine d'hectares de vignes palissées, ouvertes sur le littoral aux brises rafraîchissantes.
Conduites en lutte raisonnée, elles reposent sur des sols de micaschiste, friables ou cailloteux. Les vendanges manuelles en caissettes, sont très rigoureusement triées, éraflées, et arrivent en cuves par gravité.

[...]

Deux cuvées tricolores illustrent parfaitement la double facette des vins de La Croix. La cuvée «Irrésistible» est vinifiée dans la plus pure tradition requise par l'appellation.

La cuvée «Eloge» encense le terroir avec une très rigoureuse sélection de parcelles. «Eloge rouge» (70% syrah, et mourvèdre) éraflée, foulée, passe en macération préfermentaire à froid durant une semaine, suivie d'une macération longue à chaud, et sera élevée 12 mois en pièces bourguignonnes et foudres de chêne français. «Eloge rosé» (grenache 65%, mourvèdre 15%, cinsault 5%) pur jus de goutte, est pressurée sous gaz neutre, puis fermente en cuves inox, malolactique bloquée. «Eloge blanc», entièrement issue de rolle, est vinifiée comme le rosé. Implicitement - mais il est bon de le souligner - l'éloge s'adresse à Pascale Andrieux, directrice du domaine, ainsi qu'à son maître de chais

Hélène Sinaeve, et à l'œnologue Michel Rolland. Dernier-né de La Croix, un rosé (Haute Couture!) baptisé «Organdi», est issu de grenache (70%), cinsault et mourvèdre, provenant de deux parcelles en terrasses situées à 250 mètres d'altitude, aux sols sablo-schisteux. Ce pur jus de goutte, vinifié en cuves inox sans malolactique, se distingue par sa finesse et son élégante sensualité. Série limitée...

Aux portes - mais à l'écart - de la turbulence tropézienne, le Domaine de la Croix organise chaque année deux concerts (juillet et août) avec l'Opéra de Toulon. Une salle de réception installée dans les caves et pouvant accueillir jusqu'à 250 convives, est également à disposition pour mariages, événements divers. L'audace de l'architecture, la séduction des lieux, s'y révèlent en parfaite osmose avec les vins.

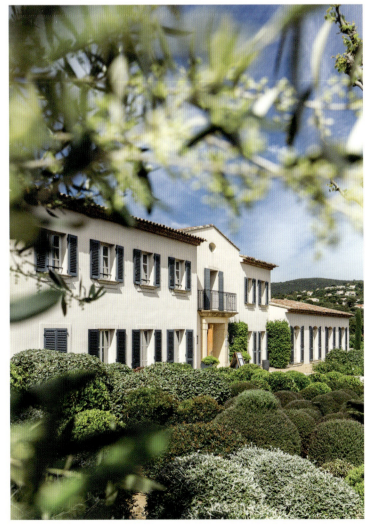

Château Les Crostes

Le château qui trône en majesté au cœur des vignes fut édifié en 1653 par le Comte de Ramatuelle; il doit son nom aux nombreuses grottes (crostes en provençal) qui parsemaient ses murailles. Le domaine s'étendait alors sur plusieurs centaines d'hectares complantés de 3000 oliviers. La vigne n'occupait que de maigres arpents, c'est vers la fin du XXème siècle qu'elle a connu sa principale évolution. Dès son arrivée en 1986, l'ancien propriétaire avait déjà entamé la restauration du vignoble et la modernisation du matériel de vinification.

Douze ans plus tard, le domaine est repris par un investisseur allemand qui perfectionne l'ensemble du travail en cave: maîtrise et contrôle automatiques des températures, pressoir pneumatique dernier cri, embouteillage autonome. Un chai à barriques souterrain entièrement taillé dans la roche est créé pour l'élevage des rouges.

Château Les Crostes couvre désormais 220 ha d'un seul tenant, dont 55 de vignes A.O.P., situées à 210 m d'altitude, sous un climat semi-continental. Elles reposent sur un sol argilo-calcaire caillouteux de coteaux surplombant le fleuve Argens, et sont entièrement palissées pour une exposition optimale du raisin. Après une première expérience à Saint-Emilion, l'œnologue Ted Garin est installé ici depuis 1991; directeur technique du domaine, il y instaure des méthodes culturales proches des préceptes de l'agriculture biologique. Les vendanges sont intégralement manuelles et les rendements limités à 40 hl/ha.

Le rosé « Clos les Crostes » assure le premier niveau de notoriété du domaine, et deux cuvées tricolores confortent sa renommée. Vinifié et élevé selon la tradition, «Château les Crostes» comprend un rouge issu à parts égales de cabernet-sauvignon, syrah et grenache; équilibre entre cinsault et grenache pour l'assemblage du rosé; le blanc est issu à 70% d'ugni blanc, 25% de rolle, et 5% de sémillon.

[...]

" ... La cuvée «Prestige» provient de parcelles sélectionnées ... "

La cuvée «Prestige» provient de parcelles sélectionnées aux rendements parfois inférieurs à 25 hl/ha. Le rouge - moitié syrah, moitié cabernet-sauvignon - passe en macération longue avec soutirages réguliers; il sera élevé 12 mois en barriques de chêne espagnol (2 à 3 vins). Le rosé - 80% grenache, puis cinsault- est issu d'un pressurage pneumatique et fermentation alcoolique en cuves thermo-régulées; il sera soumis à une stabilisation tartrique avant mise en bouteille. Le Blanc (50% sémillon, rolle et ugni blanc 25% chacun) est vinifié puis élevé à l'identique du rosé.

Claire, fille du propriétaire, ayant épousé récemment le Prince Félix, second fils de LL.AA.RR. le Grand Duc et la Grande Duchesse du Luxembourg, le jeune couple connut en 2014 l'immense joie de donner le jour à la petite princesse Amalia. En son honneur fut créée une cuvée spéciale éponyme. Issue des plus anciennes vignes du domaine - des grenaches de 75 ans (!) et d'une pincée de vénérables cinsaults - elle marque l'événement avec toute la distinction requise. Déjà régulièrement honoré par les plus belles récompenses nationales, Château les Crostes voit sa réputation exploser hors-frontières: Linda Schaller-Gallet, infatigable directrice commerciale, recueille avec le sourire les fruits de son investissement sans faille. Ponctué de concerts et journées à thème, l'accueil au domaine connait son apogée avec la location du château (4 jours minimum). L'élégante bâtisse de 1000 m2 offre ainsi 8 chambres, plusieurs salons, bibliothèque, salles de gymnastique et de billard, piscine, jacuzzi, héliport. A l'évidence: majordome, cuisinier, chauffeur et femme de chambre sont à disposition des heureux élus...

Les « Demoiselles » ont en réalité vu le jour voilà près de 7 siècles. Il s'agit des quatre filles du Comte de Provence Béranger IV (ou V, selon les historiens) né en 1198 à Sainte Maxime. Toutes devaient connaître des destins royaux, et donnèrent leur nom à plusieurs sites provençaux. Béatrix, seconde cadette, fut installée dans ce majestueux panorama, face à l'ocre rouge des falaises qui encadrent les Gorges de Pennafort. De 1700 à 1890, le château appartint à la noble famille des Grimaldi, ancêtres des Princes de Monaco.

Onze ans après son acquisition du Château Sainte Roseline situé sur la commune voisine, Bernard Teillaud rachète en 2005 le Château Des Demoiselles, où vécurent ses parents de 1956 à 1978. Il en confie la direction à sa fille Aurélie, déjà à la tête de Sainte Roseline. La jeune femme y retrouve avec émotion les souvenirs de vacances passées auprès de ses aïeux - lui architecte, et son épouse Marie-Thérèse artiste-peintre.

Le domaine s'étend sur près de 300 hectares situés entre plaines et coteaux; ses vignes seront bientôt portées à 75 hectares. Celles-ci reposent sur un sol argilo-calcaire, argilo-limoneux sur les berges aux terres rouges de la rivière L'Endre. D'importants travaux d'irrigation ont été entrepris pour réguler le potentiel hydrique et maintenir - au besoin à l'aide de vendanges vertes - des rendements moyens inférieurs à 50 hl/ha. Les rosés représentent 80% de la production (rouges 15%, blancs 5%). L'ensemble est conduit en culture raisonnée depuis 2010, avec labours des sols et enherbement partiel. Les caves - entièrement rénovées pour un travail par gravité - abritent des pressoirs inertés évitant toute oxydation des jus ainsi que des cuves en inox thermorégulées pour une meilleure maîtrise du froid.

Château Des Demoiselles présente deux cuvées tricolores, entièrement A.O.P. Côtes de Provence. «Charme des Demoiselles» est un vin de plaisir et de fraîcheur, au blanc de rolle avec une touche d'ugni blanc; au rouge majoritairement syrah (carignan 20%), et au rosé de cinsault et grenache, assortis de rolle, syrah, cabernet-sauvignon. «Château Des Demoiselles» constitue l'emblème du domaine: le blanc, issu des meilleures parcelles de rolle récoltées à la main, est foulé avec pressurage doux; les moûts fermentent moitié en barriques, moitié en cuves, puis sont élevés 6 mois avec bâtonnages. Les rosés issus de mourvèdre (50%) tibouren (25%) grenache (15%) et syrah (10%)

passent en pressurage doux avant fermentation alcoolique durant 10 à 14 jours; malolactique bloquée, ils seront élevés 3 mois sur lies en cuves. Les rouges (95% syrah, 5% cabernet-sauvignon) macèrent à froid durant plusieurs jours; ils sont vinifiés entre 22 et 28°; cuvaison de 3 semaines avec délestages et remontages modérés, puis fermentation malolactique. L'élevage s'effectue en barriques durant 12 mois, et précède l'assemblage, réalisé sous l'égide de Christophe Bernard, œnologue maison.

Dès sa renaissance, le domaine s'est beaucoup investi dans l'œnotourisme, en créant 5 chambres d'hôtes, et en ouvrant à location estivale le château Des Demoiselles, élégante bastide du début du XIXème de 450 m2, entourée d'un parc de 4500 m2, et située à mi-chemin de Cannes et Saint-Tropez. Diverses journées à thème s'y déroulent au fil des mois (vendanges de Pâques dans les vignes, exposition de voitures de collection, randonnées, concerts, apéritifs musicaux en août). Innovation: la «Foulée des Demoiselles» - course à pied féminine automnale pour soutenir la lutte contre le cancer du sein.

Le caveau de vente est ouvert tous les jours, avec dégustation gratuite parmi les expositions d'artistes renommés.

Château Fontainebleau

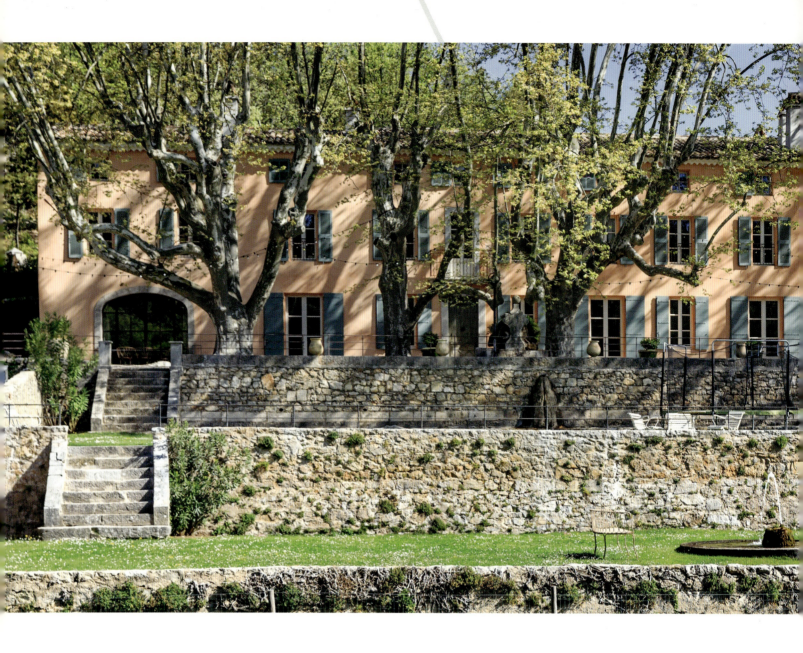

Dans son environnement protégé par un amphithéâtre naturel, il bénéficie d'un climat protecteur et dispose d'une grande diversité de sols (permien, calcaire, argile rouge, tufs argileux). En 2013, l'œnologue Valérie Courrèges rejoint le propriétaire dans cette exaltante aventure. Le vignoble, initialement de 14 hectares, en couvre désormais près de 30, en A.O.P. Coteaux Varois et Côtes de Provence. Des parcelles de vermentino sont installées sur ce terroir privilégié pour l'élaboration de grands vins blancs. Les rendements oscillent entre 30 et 40 hl/ha. L'ensemble du travail sur le vignoble souscrit donc aux règles établies par le concept de biodynamie. Les vendanges sont entièrement manuelles avec double tri à la vigne et au chai; rosés et blancs sont vinifiés à l'identique (pressurage direct).

La cuvée Château Fontainebleau comprend un rouge et un rosé. Ce dernier est composé à majorité de grenache et cinsault, issus de vignes trentenaires sur sols de limon calcaire. Le rouge (cabernet-sauvignon, grenache, syrah) est issu d'une sélection de parcelles

bientôt quarantenaires, établies sur sol de pélites rouges (oxydes de fer) qui apportent complexité et caractère. Il fermente en foudres durant 3 semaines, avant un élevage de 12 à 18 mois en fûts. La cuvée Louis-Baptiste, emblématique du domaine, se décline en blanc et rosé. Le blanc est issu majoritairement de vermentino et de très vieilles vignes d'ugni blanc; il fermente en barriques avant d'être élevé durant 8 à 10 mois. Le rosé, à majorité grenache provient de vignes largement cinquantenaires établies sur sol profond de pélites rouges; fermentation et élevage s'effectuent en cuves inox, sur lies fines.

Provence Verte la bien nommée recèle encore quantité de secrètes richesses à découvrir. Nombre de récents acquéreurs s'y investissent aujourd'hui, perpétuant ainsi une longue tradition vigneronne qui a forgé de somptueux paysages et sauvegardé d'ancestrales coutumes. Jean-Louis Bouchard appartient à cette race de nouveaux pionniers: ses vins et son domaine nous donnent l'exacte mesure de son ambition.

Château Font du Broc

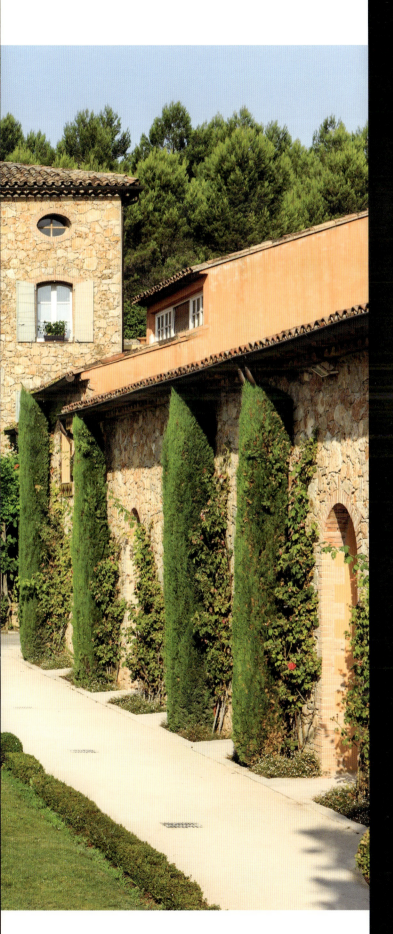

Lorsqu'en 1979, Sylvain Massa acquit 17 hectares sur La Font du Broc - lieu-dit évoquant la présence d'une source en ancien provençal - en devinait-il pareille promesse de fertilité? En 1988, un grand incendie ravage le secteur, y laissant apparaître de vastes restanques. L'étude géologique du sol confirme l'intuition du nouveau propriétaire: le terroir est constitué de roches volcaniques des Maures et de sédiments calcaires coquilliers, propices à l'élaboration de grands vins.

C'est le départ d'une entreprise titanesque, qui s'engage conjointement sur le vignoble entièrement remanié, complanté, et sur le bâti à créer totalement. Un magnifique château est érigé, bordé d'un jardin à la française, et entouré de trois élégantes salles de réception. Véritable prouesse architecturale, une cave aux voûtes d'inspiration cistercienne est creusée à 20 mètres sous terre; elle abrite le chai d'élevage où s'alignent comme à la parade les barriques en chêne destinées à l'élevage des rouges.

[...]

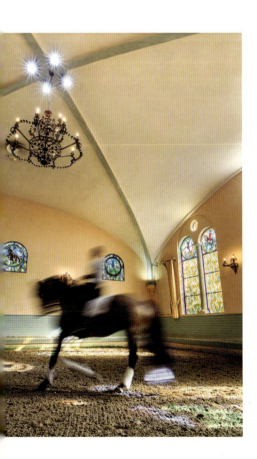

Le domaine s'étend aujourd'hui sur 120 hectares, dont 32 de vignes d'un seul tenant, exposées sud-est. Elles bénéficient des douceurs de la brise marine en hiver, et des bienfaits sanitaires du mistral en été. Conduites dès l'origine selon les méthodes ancestrales (broyage des sarments, épandage du fumier produit par les chevaux de l'élevage mitoyen), elles sont certifiées en agriculture biologique depuis 2013.

Château Font du Broc décline son nom dans les trois couleurs. Le blanc, entièrement issu de rolle, voit ses raisins refroidis à 4° avant macération, fermentation et élevage en cuves inox thermo-régulées. Le rosé (mourvèdre, grenache, syrah) est égrappé et pressé en douceur sous ambiance inerte. Pour le rouge, l'assemblage est constitué de syrah, mourvèdre et cabernet-sauvignon. Les baies sont vendangées à la main en caissettes et requièrent plusieurs passages en quête de maturité optimale. La fermentation en cuves s'étale sur 3 à 4 semaines, avec pigeages réguliers, et l'élevage s'effectue en foudres durant 10 à 18 mois.

L'œnotourisme est de mise au plus haut degré sur ce site prédestiné. Expositions, marché de Noël, journée de la truffe, dîner-spectacle équestre ponctuent les saisons. Mariages, mondanités s'organisent dans les trois salles de réception où l'on peut accueillir jusqu'à 450 convives assis. Les jardins à la française impriment leur touche d'élégance sur le déroulement des festivités.

Château Gasqui

Château Gasqui peut revendiquer un très riche passé, puisque maintes traces archéologiques attestent la présence des Ligures; on y a également exhumé une stèle qui rend hommage à un légionnaire de la 21eme légion de Jules César.

Marcel Pagnol aurait sans doute adoré ce domaine celé sur le territoire «Cœur du Var», et qui depuis toujours «cultive de l'authentique». Le qualificatif n'est certes pas usurpé, puisque la culture en biodynamie est instaurée depuis l'année 2007. François Miglio, œnologue à la tête du domaine, pratique cette philosophie depuis 25 ans avec une conviction de fer, étayée par des résultats troublants sur la qualité des fruits, l'autodéfense de la vigne et la régénération des sols. La tradition viticole est avérée de longue date, puisque la superbe cave semi-enterrée est datée de 1898.

Le domaine s'étend sur une centaine d'hectares, dont près d'un tiers de vignes. Il repose sur un plateau triasique situé à 280 mètres d'altitude, sous un climat semi-continental induisant des vendanges tardives de fin septembre à mi-octobre. Les sols argilo-calcaires profonds sont fortement caillouteux. La nature régnant en maître, on ne pratique ni labour profond, ni vendange verte; la récolte est entièrement manuelle. Singularité pour l'appellation: les rouges représentent la moitié de la production (rosés 35%, blancs 15%).
Les vins souscrivent à des fermentations très longues et entièrement naturelles - parfois jusqu'à 9 mois. Règle générale: ni levurage, ni collage, afin de conserver un produit «vivant».

La cuvée Château Gasqui présente une gamme complète. Le blanc (clairette, rolle, sémillon), pur jus de goutte, macère à froid durant 3 jours, avant fermentation longue de 6 mois sans pressurage, élevage sur lies; puis conservation un an en bouteilles.

[...]

Le rosé (syrah majoritaire, un tiers grenache, cinsault, tibouren) est obtenu soit par saignée des cuves de macération, soit par égouttage dynamique; il fermentera plusieurs mois.

Le rouge (syrah, grenache à parité) est vinifié par macération longue, 25 jours minimum. La cuvée «Point G» est issue à 80% de grenache élevé en foudre, et de syrah élevée séparément en barriques de deux vins, puis réservée 6 années en bouteilles.

La cuvée emblématique de Château Gasqui se présente en blanc et rouge. Baptisée «Corps et Âme» elle est issue des plus anciennes vignes, et sera élevée en fûts neufs spécialement créés pour le domaine. Le tonnelier Thierry Dorcau utilise un chêne d'Allier très peu chauffé, qui permet des élevages de longue durée sans la moindre redondance de boisé. Pur jus de goutte, ces vins sont macérés, saignés et mis en tonneau - la nature fait le reste.

Le blanc (rolle, sémillon, clairette à parts égales) sera élevé deux ans sur lies sans soutirages, en demi-muids pour un équilibre optimal. Nez de fleurs blanches, bouche en expansion, ronde et pleine, ouverte sur le lychee, pour des cuisses de grenouilles à la bressane.

Le rouge (syrah, grenache à parité; assemblage «par raisin» le jour des vendanges; fermentation et macération longues) sera élevé en barriques bordelaises durant 24 mois. Finesse, structure, élégance; bouche de violette légèrement réglissée, évoquant les plus grands Côtes du Rhône septentrionaux; finale de soprano qui «tient la note»: offrez lui une bécasse !

Il plane sur ce domaine une sensation quasi palpable de sérénité, offerte par l'exubérance d'une nature en parfaite osmose avec les éléments.
Ultime vestige d'un passé idyllique, ou prémices de lendemains qui chanteront la mère nourricière? Les vins de Château Gasqui nous invitent d'abord au plaisir, ensuite à la réflexion...

Propriété de la famille Than depuis 1992, le domaine de Gavaisson vivait jusqu'à cette date dans un paisible anonymat en dépit d'un évident potentiel viticole et d'une sauvage beauté quelque peu négligée. Gerda Than, nouvelle maîtresse des lieux originaire du Tyrol autrichien, s'attelle d'emblée, et avec une passion jamais démentie, à la mise en lumière de ces deux atouts d'exception. Son inclination profonde pour le respect du terroir et des cycles naturels crée rapidement des merveilles: jasmins, glycines, iris, roses et lauriers déploient leur palette de blancs nuancés. Moutons noirs, canards et jars côtoient l'âne Babou en totale liberté; les passereaux gardent en mémoire cette étape protectrice. A la frontière orientale, un ruisseau caché déploie ses cascades en légers murmures...

Au cœur de ce Haut-Var demeuré secret, le domaine de Gavaisson s'offre désormais dans sa munificente simplicité.
Dès le franchissement du portail, la bâtisse XVIIIème à l'élégante et sobre façade classique se distingue derrière une profusion d'arbres

et de fleurs. Une intarissable source alimente l'aqueduc qui semble inviter les hôtes à musarder parmi les 25 hectares d'une nature maîtrisée mais intacte. Curiosité sémantique: le vignoble est à la fois le plus petit de l'A.O.C. Côtes de Provence - 3,91 hectares au cep près - et l'un des grands par le caractère de ses vins blancs et la splendeur de son écosystème.

Dès 1995, ses anciennes vignes avaient été arrachées au profit exclusif du rolle et du sémillon, aujourd'hui en pleine maturité. Ils se déroulent sur une dizaine de restanques aux sols calcaires d'argile pauvre, et reposent en coteaux orientés plein sud, sous un parfait ensoleillement conforté par effeuillage. Le climat aux fortes amplitudes thermiques est propice à une régulière maturation des raisins. L'ensemble est scrupuleusement conduit en agriculture biologique (certification européenne depuis 2010), incluant même certaines pratiques de biodynamie, comme le respect des phases lunaires. Les travaux sont effectués à l'ancienne, avec fréquents labours à la charrue, enherbement interrang pour favoriser la biodiversité. Au printemps, une sévère vendange verte assure la maîtrise des rendements à 30 hl/ha. Entièrement manuelle, la récolte démarre à deux heures du

matin, pour cueillir les baies à leur fraîcheur optimale; elle requiert parfois un second passage.

L'œnologue Emmanuel Gaujal - qui aura beaucoup œuvré parmi les références du vignoble varois - préside à l'élaboration des vins de Gavaisson. Il dispose en cave d'un matériel de pointe: cuves inox thermorégulées, barriques, et des cuves béton novatrices par leur forme ovoïde. Deux cuvées s'offrent sous l'étiquette «Gavaisson»: issues du même assemblage (rolle majoritaire pour sa finesse et ses notes d'agrumes, sémillon pour ses arômes puissants et sa rondeur), elles se distinguent uniquement par leur élevage. Pour «Inspiration», fermentation et élevage en cuve inox - promesse d'arôme, de gras et de fraîcheur, garde 3 à 5 ans. «Emotion», élevée 9 mois en cuves inox, cuves béton ovoïdes et barriques, offre élégance et concentration, garde de 5 à 10 ans.

Dernière découverte en date sur le domaine: la remise à jour du vénérable moulin à huile, littéralement enfoui sous le lierre. Là encore, Gerda Than dirige sa restauration selon une architecture épurée, dans un esprit cistercien mâtiné de touches contemporaines en parfaite osmose. Ineffable surprise…

Domaine du Jas d'Esclans - *Cru Classé*

Descendant d'une lignée d'agriculteurs établie depuis le XVIeme siècle (!) Matthieu De Wulf a lui-même perpétué la tradition ancestrale dans l'Aisne, puis dans les Landes avant de souscrire à l'irrésistible appel de la Provence: il y sera vigneron. C'est en 2002 qu'avec son épouse Gwenaelle, il acquiert le domaine du Jas d'Esclans, ancienne bergerie de transhumance, puis magnanerie et ferme viticole. Situé sur les coteaux de la vallée éponyme, répertorié dès le XIIIeme siècle dans les archives locales puis sur les cartes de Cassini, il s'offre pour décor les falaises environnantes aux couleurs d'Esterel. Cru Classé dès 1955, Jas d'Esclans recèle quantité d'atouts propices à l'ambition de faire naître ici de grands vins: un sol permien argilo-gréseux, perméable et caillouteux, bien drainé; un ensoleillement optimal adouci par les brises marines et assaini par le mistral. Argument suprême, le domaine se révèle conduit depuis toujours en agriculture biologique. La certification est acquise depuis 1990. Ultime consécration depuis 2012, tous les vins de Jas d'Esclans sont qualifiés A.O.P. Côtes de Provence, Vin Biologique Cru Classé.

Le vignoble exposé est-sud-est comprend plus de 50 hectares en production, constitués des cépages provençaux les plus nobles. Les labours y sont quasi-mensuels, pour un désherbage mécanique et un enracinement profond. Chaque année, un à deux hectares sont renouvelés, au profit des rolle et clairette. Les vignes dépassent la trentaine. Les vendanges sont en partie manuelles; la récolte s'effectue alors par parcelle et par cépage.

En 2007, le propriétaire installe une grande cave dotée d'un lumineux caveau; l'isolation extérieure, totalement en bois, participe à l'engagement d'éco-construction conforme à l'esprit du lieu.

[...]

Une technologie de pointe y est installée : pressurage sous gaz inerte évitant tout risque d'oxydation sur la vendange, caisson vibrant pour la réception des baies.

Le domaine réalise plus du tiers de sa production en rouge, la moitié en rosé et 15% en blanc. La cuvée Jas d'Esclans reflète le meilleur du savoir-faire provençal. Les «Cuvées du Loup» issues d'une sélection très qualitative de parcelles anciennes (35 hl/ha), sont toutes élevées en barriques. Le blanc (clairette, rolle) et le rosé (grenache, rolle) fermentent en fûts de chêne et sont élevés 6 mois en barriques. Le rouge (syrah 75%, cabernet, rendements 35hl/ha) est vinifié par cépage, avec fermentation longue (4 à 5 semaines) et soutirages. L'élevage s'effectue en barriques 1/3 neuves, et l'assemblage aura lieu juste avant la mise en bouteilles. Enfin, un rouge exclusif savoureusement baptisé «Coup de Foudres», issu des plus anciennes vignes (syrah, carignan, mourvèdre, grenache, cabernet) est vinifié 3 à 4 semaines après égrappage total; il est élevé ensuite pendant 24 mois en foudres de chêne.

Chaque année, l'ensemble de la gamme recueille une pleine moisson de médailles, et certaines cuvées trônent sur les plus grandes tables: «Côté Rue» à Draguignan, «Georges V» à Paris. Au XXIeme siècle le domaine appartint au dracénois Toussaint Caussemille, inventeur des allumettes. Deux siècles plus tard, les vins de Matthieu et Gwenaëlle De Wulf enflamment cette fois les louanges des œnophiles avertis.

Château Léoube

Le château du XVIIème siècle classé monument historique dissimule encore l'identité de son fondateur. Au fil du temps, l'altière bâtisse d'esprit toscan appartint au seigneur Brémond de Léoube, dont la particule suscita l'ire des révolutionnaires, qui procédèrent au saccage du noble logis. Le retour au calme permit à la famille de réintégrer les lieux jusqu'en 1839. Louis-François Aubert s'y installe en 1921, et entreprend alors une importante restauration des murs, qu'il flanque d'un élégant parc à la française et lui adjoint un vignoble.

Séduit par ses 560 hectares d'un seul tenant et ses 4 kilomètres de côtes face aux Iles d'Or, Lord Anthony Bamford acquiert Château Léoube en 1998, avec l'ambition d'y créer un vignoble et une oliveraie de renom. Voisin immédiat du Clos Mireille - propriété d'une légendaire famille de vignerons - il en consulte alors le titulaire Jean-Jacques Ott, dont le fils Romain, ingénieur agricole, achève précisément sa spécialité viticulture-œnologie. Romain Ott a intégré Château Léoube en 2000; il y dirige aujourd'hui l'ensemble de la production: la greffe a porté ses fruits...

Depuis son arrivée, le propriétaire poursuit de gigantesques étapes de travaux, tant sur le château et son jardin à la française que sur les bâtiments techniques et le lumineux caveau d'accueil. Les terres ne sont pas en reste: plus de 5000 pieds d'oliviers sont alignés sur une vingtaine d'hectares. Le vignoble, entièrement remanié, comprend aujourd'hui 67 hectares en production, qui seront bientôt portés à 75. Il repose sur un terroir de schiste et argile, à proximité immédiate de la mer aux brises rafraîchissantes.

[...]

Les vignes, largement trentenaires, sont cultivées en mode biologique, et comportent une sélection de ceps adaptés au climat méditerranéen. Les vendanges, entièrement manuelles, subissent un double tri à la parcelle et en cave, où elles sont conduites en douceur - grappes entières. Ebourgeonnage, vendange verte et concentration des ceps concourent à une stricte maîtrise des rendements.

Tout en souscrivant à la tradition, la cuvée tricolore «Château Léoube» se distingue par sa recherche constante d'authenticité. Romain Ott préside également à l'élaboration de 4 cuvées élitistes, qui forgent l'image du domaine. Le rosé «Secret de Léoube» (ainsi baptisé pour le mystère qui entoure ses assemblages) élevé 5 mois en cuves inox, se présente en bouteille sérigraphiée, comme le rosé «Léoube», cuvée «La Londe», provenant des plus anciennes parcelles de cinsault et grenache à parité. Il est vinifié par un pressurage d'«effleurement», élevé lentement, et

représente la quintessence de l'esprit Léoube. Le rouge «Fort de Léoube» (cinsault, syrah, grenache, cabernet-sauvignon, à égalité) au style affirmé, passe sa fermentation malolactique en foudres de chêne, dans lesquels il sera ensuite élevé durant 12 mois minimum. Enfin, véritable collector, «Vin Rouge de France» (édition limitée) est issu d'un pur cabernet-franc; il passe également sa malolactique en foudres et demi-muids, avant d'y être élevé durant 16 mois. Sa maturation en bouteilles se poursuivra trois années encore.

Les vins de Château Léoube figurent aujourd'hui sur les plus belles tables de France... et d'Angleterre. Il aura fallu moins de 20 ans pour que la renommée du domaine soit désormais établie parmi les grands noms de Provence.
Directeur général du domaine depuis 2012, ancien collaborateur de Jacques Chirac à l'Elysée, Jean Dubille a supervisé et coordonné l'ensemble des travaux de rénovation et d'extension de château ainsi que l'installation du café Léoube sur la plage du Pellegrin, attenante au domaine.

Château Maïme

Château Maïme (Maxime en provençal) doit son nom à la chapelle érigée sur ses terres aux environs de l'an Mille, et dédiée au saint homonyme. Il possède un très riche passé de viticulture et d'oléiculture remontant à l'époque gallo-romaine. Propriété de la famille Sibran-Garcia depuis 1996, le domaine est dirigé par Jean-Louis Sibran qui s'est immédiatement attaché au développement de son vignoble, étendu aux pieds du massif des Maures.

En vingt ans, il en aura doublé la superficie. Aux 18 hectares d'origine - sols de micaschistes en coteaux, argilo-sablonneux en plaine - se sont ajoutés 18 hectares de grès sablonneux parsemés de galets, liaison propice au bon drainage des pluies et à une régulière restitution nocturne de la chaleur du jour. Le mistral en enfilade constitue lors des périodes humides, un atout sanitaire bienvenu. La vigne est conduite en agriculture raisonnée, enherbée un rang sur deux avec labour sur l'autre rang, favorisant l'aération des sols ainsi qu'une saine concurrence hydrique. La maîtrise des rendements, en quête d'une concentration optimale des jus, est obtenue par une taille courte à deux yeux sur double cordon de Royat.

Depuis 2011, le domaine procède à des vendanges mécaniques. Grâce aux récentes évolution de cette technique, la rapidité d'intervention permet

[...]

" ... *Le rosé Château Maïme un caractère friand et festif ...*

d'attendre la maturité optimale du fruit, d'améliorer l'homogénéité de la récolte, et de vendanger de nuit les raisins à leur meilleur degré de fraîcheur. De performants groupes de froid permettent de descendre en quelques minutes la température des baies aux environs de 5°C.

Château Maïme élabore un blanc «Château Maïme» issu de deux cépages à parité: rolle et sémillon qui passent en macération pelliculaire. Après débourbage puis stabulation préfermentaire à froid (10 jours) la fermentation est suivie d'un élevage sur lies fines en cuves inox durant trois mois, avant l'assemblage. Le rosé «Château Maïme» (cinsault, syrah, grenache) sera vinifié et élevé à l'identique, pour l'obtention d'un caractère friand et festif. Un second rosé, «Cuvée Elégance», assemblage de grenache et cinsault à parité, reçoit les mêmes soins mais se distingue du précédent par son «gras», sa complexité et sa charpente, qui le destinent à des accords plus gastronomiques. Château Maïme élabore également deux rouges, issus des plus anciens cépages et vinifiés «à la médocaine». La cuvée «Raphaelle» (syrah 90%, grenache) passe une semaine en cuvaison, pour obtenir un caractère fruité, La cuvée «Véronique» (syrah majoritaire, puis grenache, mourvèdre, cabernet-sauvignon) est issue d'une sélection drastique de parcelles et de raisins. Elle passe en cuvaison de 6 à 8 semaines avec remontages, avant élevage de 12 mois minimum en boutes (600 litres) de chêne d'Allier. Ce vin tiendra tête avec élégance aux salmis de gibier à plume - une bécasse, peut-être...

Château Margillière

Situé aux portes de Brignoles - ancienne résidence des Comtes de Provence - Château Margillière s'étend sur près de cent hectares, dont 25 de vignes. Patrick Caternet, enfant du pays, acquiert en 1996 cette magnanerie du XVIIème siècle au charme quelque peu alangui. Il s'empresse de lui rendre son élégance discrète et authentique, tout en remaniant totalement le vignoble avec les cépages nobles de l'appellation. Le lieu mérite cette attention, il témoigne d'un riche passé: le percement du canal de Provence a permis de mettre à jour d'importants thermes romains. Une partie de la source qui traverse le domaine est encore canalisée par des tuiles de la même époque.

Les vignes qui entourent la propriété vont prochainement s'agrandir de 5 hectares en coteaux. Les sols argilo-calcaires sont constitués de zones de gravettes et de silex; l'ensemble est conduit en agriculture biologique, certifiée Ecocert depuis l'année 1999. Quatre ans plus tard, la consécration européenne est attribuée, avec le logo «vin biologique». Fort de la haute qualité environnementale, le maître des lieux caresse actuellement le projet d'une conversion en biodynamie...

La maîtrise des rendements est assurée par une taille à deux yeux. Le climat semi-continental entraîne des vendanges tardives - généralement fin septembre.

[...]

Elles sont effectuées manuellement: grappes entières en caissettes, avec un premier tri sur la vigne, et un second sur table à l'entrée de la cave. Celle-ci s'étend sur 300 m2 répartis sur deux niveaux pour accueillir les jus par gravité. Aux chais, les anciennes cuves béton ont été rénovées pour la vinification des rouges avant leur passage en barriques de chêne d'Allier (225 litres), dont l'usage est réparti sur trois ans. Blancs et rosés sont vinifiés et élevés en cuves thermo-régulées.

Château Margillière peut se targuer d'une production originale, incluant «seulement» 40% de rosés - autant que les rouges et le double des blancs. Il présente deux cuvées entièrement A.O.P.: l'une, traditionnelle, intitulée «Bastide» propose un blanc issu de rolle et ugni blanc, avec débourbage à très basse température et fermentation à 17°. Le rosé, issu de grenache et cinsault, est vinifié par saignée. Le rouge (syrah, cabernet-sauvignon, grenache) passe 12 jours en fermentation, puis 20

jours en cuvaison à 28°, avant d'être élevé durant 6 à 8 mois en barriques de deux vins.

La cuvée «Hautes Terres» décline les mêmes assemblages que «Bastide», mais les raisins proviennent des plus anciennes vignes situées en coteaux. Les blancs sont alors élevés sur lies en fûts de chêne neufs. Les rosés comprennent de vieux grenaches cinquantenaires, avec pressurage de la vendange entière, à la recherche d'une finesse optimale. Les rouges vieilliront en barriques durant 12 à 18 mois selon millésimes. Tous ces vins récoltent chaque année leur brassée de médailles, et figurent sur les meilleures tables de la région.

Au fil des saisons vont se dérouler expositions et concerts, dans la belle salle de magnanerie qui surplombe le caveau. Le domaine accueille également parfois un rallye automobile dont les pilotes apprécient cette étape, où ils n'oublient jamais de faire le plein... des sens.

Château Minuty - *Cru Classé*

Les terres qui composent le domaine de Château Minuty ont connu leur première notoriété dès le XVIIème siècle. A l'époque, la famille Germondi régnait sur un vignoble disséminé sur 2000 hectares de la presqu'île tropézienne; elle s'y maintint durant deux siècles. Le château et sa chapelle furent érigés sous l'époque Napoléon III, et constituent avec panache le témoignage de ce riche passé. Par contraste, mais en parfaite harmonie, le nouveau caveau tout récemment créé, signe l'audacieuse empreinte architecturale des propriétaires actuels. Son agencement intérieur aux lignes épurées constitue à lui seul une invitation à la dégustation.

En 1930, le vignoble au passé glorieux ne comprend plus que 17 hectares lorsque Gabriel Farnet en prend possession. Descendant d'une longue lignée de vignerons établis en Centre-Var (domaine de Chateauneuf à Vidauban), il s'empresse de reconstituer entièrement le vignoble, tout en y créant un chai de vinification, avec l'ambition clairement affichée d'y élever des vins d'exception. Lors de sa succession en 1960, Etienne Matton - époux de sa fille Monique - abandonne son étude parisienne de notaire afin de perpétuer la

renaissance du domaine. Contre toute attente, le néophyte va se révéler grand vigneron: il sélectionne les meilleurs cépages provençaux, limite leurs rendements et crée ainsi une saine émulation parmi ses pairs des Crus Classés de Provence, qui le maintiendront longtemps à la tête de leur jeune association.

Aujourd'hui, ce sont ses deux fils - Jean-Etienne le gestionnaire et François l'œnologue - qui président aux destinées de Château Minuty. Le vignoble, porté à 120 hectares sur sols de micaschiste en coteaux, est conduit en culture raisonnée dans un écosystème protégé par l'environnement boisé. L'ébourgeonnage (manuel, comme les vendanges) maintient les rendements à 45hl/ha pour les rouges, et à 55 pour les rosés et les blancs. En cave, un matériel dernier cri assure le meilleur déroulement des opérations; l'ensemble de la vinification s'effectue sous gaz inerte, pour éviter toute oxydation des jus, toute prise de couleur et sauvegarder le maximum d'arômes.
Château Minuty présente trois gammes de cuvées tricolores. «M», vins de plaisir immédiat, colonisent toutes les tables de la région,

notamment avec le rosé en période estivale. La cuvée «Prestige» témoigne de l'osmose parfaite entre les vignerons et leur terroir, avec des vinifications parcellaires, à la recherche du fruit. Véritable pépite du domaine, la gamme «Or» présente un vin «Blanc et Or» (I.G.P. du Var) très atypique: issu de rolle (20%), sauvignon (40%) et viognier (40%) récoltés en légère sous-maturité pour en conserver l'acidité, il macère 6 heures à 15°. «Rosé et Or» issu de vieux grenaches (95%) et syrah, est un premier jus élevé en cuves inox, avec malolactique bloquée par sulfitage; il sera légèrement collé. «Rouge et Or» est issu de vieux mourvèdres (95%) et syrah aux rendements très limités. Pur jus de goutte, il passe 3 semaines en macération préfermentaire, avec pigeages quotidiens. La malolactique s'effectue en barriques de chêne 1/3 neuves, où il sera élevé durant 15 mois avec soutirages, puis mis en bouteilles sans filtration.

Troisième génération attachée à la renommée de Château Minuty, François et Jean-Etienne Matton peuvent aujourd'hui contempler avec fierté l'œuvre accomplie dans les pas de leurs visionnaires aînés.

Château d'Ollières

Ancienne vigie située sur la route d'Aix-en-Provence, le château qui domine son village fut d'abord érigé par les Carolingiens, avant d'être quasiment rasé en 1630 par le cardinal de Richelieu. Moins d'un siècle plus tard, la famille Félix d'Ollières lui rendait vie sous la facture classique qu'il présente désormais. Il fut ensuite orné d'un jardin lapidaire toujours admiré.

Dès leur arrivée en 2003, Hubert Rouy et son fils Charles procèdent à sa restauration et à la sauvegarde du jardin à la française. Toutefois, la noble bâtisse ne fut pas leur seul attrait : le terroir les a séduits tout autant. « Il ne lui manque qu'une étincelle pour revivre », pressent Hubert, qui parle d'expérience : il possède déjà le Château Escot, cru bourgeois du Médoc. Le domaine est confié à Charles, diplômé en viti-œnologie, études confortées par deux années d'expérience dans la célèbre maison bourguignonne Bouchard Père & Fils. Partageant l'enthousiasme de son père, il s'empresse de remanier entièrement le vignoble, qui compte aujourd'hui 35 hectares situés en coteaux au cœur de 600 hectares boisés.

Les vignes reposent sur un sol argilo-calcaire très aride, et sous un climat aux fortes amplitudes thermiques, favorisant un mûrissement régulier. L'ensemble est conduit en culture raisonnée, avec traitements à minima et engrais favorisant la vie organique du sol, ainsi qu'une rigoureuse maîtrise des rendements. En périodes humides, le mistral qui s'engouffre entre les Monts Auréliens et la Sainte Victoire attenante fait œuvre de salubrité sur les baies. En cave, Charles Rouy a installé en 2009 un nouveau pressoir pour une vinification sous gaz inerte, afin d'éviter toute oxydation de la vendange.
Double bénéfice : au-delà d'une sensible réduction des apports en soufre, c'est surtout le maximum d'arômes qui se trouvent ainsi sauvegardés.

[...]

" ... Issue d'une sélection de parcelles aux rendements limités ... "

Le jeune Bourguignon n'en souscrit pas moins à la tradition du bâtonnage ou du pigeage manuel, selon les cuvées.

Château d'Ollières présente une gamme de trois cuvées tricolores: «Classique» offrant, comme son nom l'indique, la démonstration du savoir-faire vigneron, dans le respect de la tradition. La cuvée «Prestige» est issue d'une sélection de parcelles aux rendements limités - jusqu'à 35hl/ha - et représente le coeur de gamme de la production. Les «Hauts» constituent la trilogie emblématique du domaine. «Haut du Pigeonnier» cuvée très confidentielle (3000 bouteilles) est un blanc issu à majorité de rolle (parcelles sélectionnées) et de très vieux ugnis blancs (65 ans!) élevés sur lies fines avec bâtonnages, pour partie en barriques. «Haut de l'Autin» rosé issu des plus vieilles vignes de grenache (plus que cinquantenaires !), cinsault et syrah accueille une part de vermentino ; il sera vinifié et élevé comme le blanc. Le rouge «Haut de l'Ermitage» provient de trois petites parcelles de grenache, cabernet-sauvignon et syrah vendangées à la main. Il sera vinifié et élevé par cépage avec pigeage manuel, durant 18 mois en barriques pour partie neuves.

Il aura suffi d'une décade pour que Château d'Ollières figure parmi les gloires de l'appellation, comme en témoigne la profusion de médailles accrochées à son palmarès. Le château et ses dépendances s'ouvrent à l'accueil de groupes dans la cave voûtée millénaire, lors de réceptions intimes dans les petits salons XVIIIème, plus grandioses dans l'immense salle de bal, ou festives à l'extérieur, parmi terrasses et jardins.

Château Palayson

Au premier siècle avant notre ère, le long de la voie Aurélienne, s'étendait ici la «Villa Palaio», gigantesque entité agricole romaine dont les terres fertiles couvraient des milliers d'hectares, jusqu'à l'orée de Draguignan. Lors de la création d'un caveau de dégustation, les actuels propriétaires ont mis à jour de riches vestiges: une nuée d'archéologues investit les lieux pour découvrir un mausolée romain, ainsi qu'une cave et une presse à vin prouvant l'existence d'un vignoble ici-même, deux millénaires auparavant. L'ancienne église accolée au château fut érigée au Moyen-Age par les chevaliers de l'Ordre de Malte. Elle accueillit ensuite une communauté religieuse dépendant de l'abbaye Saint Victor de Marseille: une production de vin y est attestée... en 1054. Il en subsiste aujourd'hui une chapelle peinte, consacrée à Saint Jean De Bosco depuis 1937.

Revenons à notre époque: c'est en 2000 qu'Alan Von Eggers Rudd et son épouse Christine choisissent de s'installer ici, attirés d'abord par le site majestueux proche du bord de mer, à mi-chemin de Cannes et Saint-Tropez. Architecte international, Alan transforme le logis délabré en une superbe demeure. Collectionneur de grands crus bordelais et rhodaniens, il décide de créer ses propres vins sous la double influence de ses goûts. Le vignoble ne compte alors que de maigres arpents de grenache: il sera bientôt porté à 11 hectares, comportant

[...]

une majorité de cabernet-sauvignon et syrah, ainsi que viognier, rolle et mourvèdre. Au diable les contraintes de l'appellation: ses vins feront fi des pourcentages limités et autres oukases! Plantations à haute densité (7000 pieds à l'hectare!), vendanges vertes en juillet pour la maîtrise des rendements, cueillette manuelle avec tri scrupuleux, bannissement de pompes au transfert, installation en cave de matériel dernier cri: l'exigence de réussite est à ce prix.

À l'opposé de la tradition varoise, Château Palayson produit 80% de rouges, pour 10% seulement de rosés et 10% de blancs. Ses vins fièrement revendiqués «I.G.P. Var Argens» n'en récoltent pas moins les plus hautes récompenses. Tous sont vinifiés en barriques neuves de chêne du Tronçais, séché à l'air durant trois ans. Le blanc et le rosé y fermentent environ sept mois, les rouges y sont élevés entre 18 et 24 mois.

Le blanc du domaine «Cœur de Palayson» est issu de viognier (85%) et de rolle. Le rosé «La Vie en Rose» est un premier jus issu à parité de grenache et syrah. Parmi les quatre cuvées de rouge, nous distinguons «La Grande Cuvée» issue de syrah (75%) et cabernet-sauvignon, seul Grand Prix d'Excellence aux Vinalies de Paris. La cuvée «Christine» est issue de cabernet-sauvignon et syrah. La place nous manque pour énumérer la totalité des récompenses obtenues, preuve que l'anticonformisme, dès lors qu'il met en valeur le caractère exclusif des vins, sait se faire reconnaître… et apprécier!

Ouvert à la dégustation, le château reçoit les groupes sur rendez-vous, pour une visite du vignoble, suivie d'un repas gastronomique. Il dispose en location d'une luxueuse villa avec piscine, et ouvre la chapelle, le cloître et son jardin à l'italienne pour mariages, concerts et réceptions. Alan, américain et Christine, scandinave, maîtrisent un panel de langues qui leur permet d'accueillir une bonne partie de la planète!

Après avoir cédé en 1996 le groupe des grandes brasseries et malteries alsaciennes «Fischer-Adelshoffen» créateur de la mythique bière «Despérados», Jean-Charles Foellner ne semblait pas prédestiné à une seconde carrière dans la haute viticulture provençale, et pourtant! Peu après son installation dans le Var, il acquiert en 2001 ce domaine au riche passé. Situé aux abords de la voie Aurélienne, Château Paradis conserve en effet des vestiges de thermes romains (gageons que l'occupant n'y venait pas que pour ses eaux). Des archives en date de 1680 attestent encore - et déjà - l'existence du vignoble, qui pour lors évoquait davantage… le purgatoire.

Les six premières années seront donc entièrement consacrées à sa remise en état. Sur sa quarantaine d'hectares, plus de la moitié sera replantée en cépages nobles. Aux côtés de son fils Pascal qui dirige l'exploitation, et de son maître de chai Alexandre Barraud, le propriétaire s'attelle au travail de la terre «à l'ancienne»: labours, désherbage confié aux ovins ravis de l'aubaine, qui témoigneront

leur gratitude par la fourniture gratuite d'engrais naturels. Le terroir argilo-sablonneux bénéficie de cette culture raisonnée, ainsi que d'un réseau d'eaux souterraines épargnant tout stress à la vigne, dans ce cœur du Var aux fréquents étés torrides.

Le vignoble, à dominante grenache et syrah, décline l'ensemble des grands cépages provençaux - mourvèdre et tibouren compris; les rendements sont maîtrisés - parfois jusqu'à moins de 30 hl/ha. Les vendanges, manuelles, sont recueillies en cave au long d'une performante chaîne de froid, par le maître de chai. Au terme de la vinification, les assemblages seront effectués par les trois complices, sous l'amicale et fidèle égide de Bruno Tringali, œnologue conseil.

Au résultat, sur le millésime 2015, Château Paradis comptera pas moins de 27 médailles, dont 9 d'or et 12 d'argent.

D'abord - exploit sans précédent - le Vin de Pays des Maures en décrochera deux! Le rosé «Coup de Cœur» (assemblage de grenache, syrah, rolle, tibouren, pressurage direct, élevage sur lies fines) n'usurpe pas son nom, puisqu'il en glane une belle part à lui seul. En rouge, la cuvée «Pascal» (syrah, grenache, cabernet-sauvignon) passe pour un tiers en fût durant 1 an; elle mérite une longue garde. Le blanc «Cuvée Laure» totalement issu de rolle, reçoit un léger passage en fût de chêne neuf, et sera élevé sur lies fines durant 6 mois. Enfin, une cuvée d'exception en rosé, baptisée «Les Anges du Paradis» (syrah, cinsault, mourvèdre, tri impitoyablement sélectif) s'offrira en tirage limité: avis aux collectionneurs éclairés!

L'accueil au caveau, empreint de chaleur et de simplicité, se montre sans ostentation à la hauteur du palmarès. Seul dilemme - ô combien cruel… choisir!

Château de Pibarnon

Bandol, 1978. Le Comte Henri de Saint Victor et son épouse Catherine sont en quête d'un domaine viticole à acquérir, lorsqu'ils dégustent avec ravissement un Pibarnon rouge de 3 ans, dans un restaurant local. Intrigués, ils se rendent à la propriété, où ils apprennent que l'artisan de ce délice a récemment cédé la place à un intérimaire, déjà rebuté par l'ampleur des tâches et l'inconfort de la maison. L'affaire, providentielle pour les deux parties, est rapidement conclue: avec un fol enthousiasme et un brin d'inconscience, les époux se lancent dans l'aventure. Le site grandiose, amphithéâtre ouvert sur la mer, La Ciotat et l'île des Embiez, n'est pas étranger à leur décision...

Le vignoble ne couvre alors que 3,5 hectares: il va être entièrement remodelé et considérablement agrandi au fil des ans. En parallèle, sur l'emplacement de l'ancienne ferme, Catherine va bâtir de toutes pièces la copie conforme d'une authentique bastide XVIIIème, à l'aide de plans et matériaux d'époque. La demeure sera plus tard flanquée d'une magnifique orangerie: l'ensemble paraît avoir bravé les siècles.

Dès son premier millésime, le vigneron néophyte réussit un coup de maître en décrochant au Concours Agricole de Paris la médaille d'or pour son rouge et son rosé, et celle d'argent pour le blanc. Le succès ira croissant, Château de Pibarnon se hissant bientôt au pinacle de l'appellation, donc parmi les références de l'hexagone. En 1989, à l'issue d'une longue formation en œnologie, Eric de Saint Victor rejoint ses parents et s'imprègne de l'expérience et des intuitions paternelles, dont il se trouve désormais seul et heureux dépositaire.

Le vignoble comprend aujourd'hui 51 hectares disséminés sur 220 restanques (!) exposées majoritairement sud-est.

[...]

À 300 m d'altitude, il dispose d'un climat très contrasté par rapport à la mer toute proche: les amplitudes peuvent dépasser 10°, bénéfice notoire pour la lente maturation des baies. Il repose également sur un micro-terroir d'exception, où affleurent les calcaires blancs du Trias et les marnes bleues du Santonien (comme à Petrus, Yquem). Les vignes sont conduites en gobelet palissé, et limitées à 4 grappes par pied pour maintenir des rendements inférieurs à 35 hl/ha. Depuis 2004, l'ensemble est traité en agriculture biologique. Entièrement manuelles, les vendanges sont réceptionnées par gravité. Marie Laroze, maître de chai, est particulièrement attentive à la parfaite maturité des baies. Emblème du domaine, la cuvée «Château de Pibarnon» déroule ses trois couleurs. Le blanc (clairette, bourboulenc et divers cépages locaux), issu des rares parcelles exposées au nord (30 hl/ha), est pressé directement, vinifié en cuves avec fermentation lente. Le rosé

(2/3 mourvèdre issu de saignée, et cinsault) pressé directement, fermente longuement avant élevage de 6 mois en cuves. Le rouge - assemblage de terroirs tous en Trias - est issu de mourvèdre (90%) et grenache. Il macère longuement avec pigeages manuels quotidiens, cuvaison 3 semaines, et sera élevé 22 mois minimum en foudres de chêne autrichien (sans chauffe). Enfin, 2014 a vu la naissance d'un rosé baptisé «Nuances», 100% mourvèdre. Il est élevé partie en foudres pour l'élégance, partie en jarres de grès pour la tension et la pureté. Mise en bouteilles tardive (fin avril), puis stockage jusqu'à la fin de l'été pour cette cuvée «hédoniste».

Les rencontres au château allient culture, sport et détente: concerts estivaux dans l'orangerie avec de grands interprètes, les «Escapades de Var-Matin» fin juin (un parcours pédestre de 6 km, jalonné d'escales gourmandes et dégustations), «Pi-Bar Ephémère» tous les jeudis soirs de mai à septembre. Et le cadre...

Domaine Rabiega

Selon les archives locales, le domaine fut constitué au cours du XVIeme siècle, lorsqu'une famille Dière y installa ses premières vignes. C'est au cours des années 60 qu'il prend le nom de Rabiega, patronyme de la plus célèbre «speakerine» de l'époque, judicieusement reconvertie dans cette noble activité.

Deux propriétaires suédois s'y succédèrent ensuite. Le premier, le monopole des alcools suédois, créa un institut œnologique ayant pour ambition de transmettre les secrets et méthodes destinés à l'élaboration de grands vins rouges de Provence. Ils parvinrent à hisser leur Syrah provençale à des sommets... rhodaniens. Ainsi naquit la cuvée «Clos Dière», qui devint rapidement le fleuron du domaine.

C'est en 2014 que Yves Tanchou, tombé sous le charme du lieu, s'empresse de rendre à ses compatriotes ce nectar trop longtemps détourné au profit des amateurs septentrionaux. Il engage donc conjointement la remise en ordre du vignoble, et la création d'un complexe hôtelier conjuguant luxe et intimité, au service d'hôtes en quête d'hédonisme.

Surplombant le domaine, deux hôtels abritent chacun dix chambres déclinant le charme provençal, dans une version contemporaine. En léger contrebas, près de la grande piscine, un restaurant d'une vingtaine de couverts quêtera d'emblée sa première étoile; une brasserie plus vaste accueillera la clientèle locale pour une trêve-déjeuner. Hélistation et Spa sont en projet, ainsi qu'une salle de réception ouverte sur des jardins paysagers.

Ce sanctuaire d'accueil est prioritairement dédié à la renommée des vins Rabiega. Du haut de ses 300 mètres d'altitude, sur un sol argilo-calcaire, le vignoble est soigneusement remanié.

[...]

De nouveaux arpents sont plantés (Syrah, Rolle) portant sa superficie totale à 10 hectares, entièrement abrités par un cirque naturel coiffé de pins et exposé sud-est. Les rendements sont abaissés jusqu'à 35 hl/ha, la récolte est manuelle. L'intégralité de l'entretien du vignoble est faite de manière naturelle, en respectant le sol et le cycle de la vigne, selon les préceptes de la biodynamie avec l'ambition d'une conversion à court terme.

Le maître de chai Gerald Rouby dirige la vinification, effectuée, pour les rosés et blancs, sous ambiance inerte et maitrise des températures pour la sauvegarde du potentiel aromatique. Pour les rouges, macération pelliculaire à froid et pigeage sont privilégiés afin d'extraire fruit et densité. Demeurée l'oriflamme de Rabiega, la cuvée «Clos Dière» présente un rouge (deux tiers syrah, cabernet-sauvignon) élevé en fût de chêne durant 12 à 14 mois, qui mérite une longue garde. Le rosé «Clos Dière» (grenache, syrah, cinsault), dans l'avenir, se bonifiera avec un léger passage sous bois. À découvrir également, l'originale cuvée «Blanc» (sauvignon blanc, viognier), et le «Chardonnay» mono cépage élevé en fût pendant 6 mois.

Après avoir rendu au domaine son identité nationale, Yves Tanchou l'aura hissé en moins de deux ans parmi les phares de l'œnotourisme varois, tout en affinant encore l'élégance de ses vins. Il aspire désormais à fédérer sa clientèle autour d'événements culturels (concerts, expositions, rencontres) qui constitueront un nouvel attrait pour l'aire dracénoise.

Château Rasque

Le domaine doit son nom aux Rasque, famille de notaires dracénois qui l'occupait au XVIème siècle. Situé sur l'emplacement d'un oppidum romain, il recèle des traces d'habitat néolithique. Convaincus de son très grand potentiel œnologique, les époux Biancone l'acquièrent en 1983. Gérard a hérité de l'attachement maternel à la terre nourricière, Monique fut initiée au vin par son père, fils de vigneron bordelais : ensemble, ils vont créer ici de grands vins.

Château Rasque s'étend aujourd'hui sur une centaine d'hectares, dont 30 de vignes exposées plein sud à 260m d'altitude. Les sols argilo-calcaires sont très caillouteux, parfaitement drainés. Le vignoble est entièrement complanté de cépages nobles. La vigne est conduite en agriculture raisonnée, les vendanges entièrement manuelles, et les rendements sont rigoureusement maîtrisés, notamment pour les rouges (moins de 30hl/ha). Conjointement, le propriétaire - bâtisseur de vocation - dessine et édifie lui-même la majestueuse bastide aux couleurs toscanes, et la flanque d'une chapelle inspirée de l'art roman.

Les éléments techniques sont élégamment intégrés dans le même esprit, donnant à l'ensemble une parfaite cohérence esthétique.

À la tête du domaine depuis 2005, Sophie Courtois Biancone poursuit avec passion l'aventure parentale, assistée de son frère Enzo. Ensemble, ils gèrent également le Clos Jasmin (12 hectares situés au pied de la Sainte Victoire, qui contribuent à l'élaboration des rouges). Sophie dirige également l'Hermitage Saint-Pons, propriété de son frère Fabio acquise en 2003 à Figanières. Outre la cuvée «Château Rasque» qui a présidé à la reconnaissance du domaine, «Clos de Madame», née en 2000, a suscité un nouvel engouement, avec son blanc 100% rolle vendangé à surmaturité, et son rosé issu de syrah (85% syrah, 15% rolle), vinifié traditionnellement. Le rouge (syrah 80%, et 20% grenache) est vinifié avec pigeage manuel sur cuve ouverte en bois de chêne, puis vieilli 12 mois en foudres. De nouvelles cuvées sont à l'honneur: le rouge «Héritage» (85% syrah, 15% grenache) vieilli 12 mois en barriques neuves. Cuvée pionnière de Rasque, le rouge

«Pièce Noble» (60% syrah, 40% grenache) est vieilli 8 mois en cuves, puis 12 mois en foudre. Le rosé «Alexandra» (assemblage paritaire de grenache et cinsault) est issu de parcelles sélectionnées, et vinifié traditionnellement, avec foulage léger. Le «Blanc de Blanc» 100% rolle constitue un autre grand classique lié à la notoriété du domaine.

L'art, seconde passion de la famille Biancone, s'illustre au domaine avec des œuvres de Novarro, Tosello, Briffaud, et de fréquentes expositions au caveau. À la majestueuse salle de réception «Bacchus» (350 convives assis) s'ajoute la salle des foudres. Une demeure vigneronne en pierre abrite 4 chambres d'hôtes à la décoration raffinée signée par Sophie, digne émule du talent maternel.
Aujourd'hui, Monique et Gérard Biancone voient enfin l'avènement de leurs rêves, avec cet ancrage familial solidement établi dans la terre qu'ils ont littéralement façonnée. Bonheur suprême: le spectacle des nouvelles générations qui gambadent allègrement parmi les vignes, au risque d'en attraper à leur tour l'inguérissable virus…

Château Réal d'Or

Créé en 1946, ce domaine somnolait béatement sous l'ombre tutélaire de Notre Dame des Anges, lorsqu'en 2010 François Lethier s'en porta acquéreur avec la ferme intention de le réveiller au plus vite. Cet émérite pilote de rallye, petit-fils de vigneron jurassien (où il conserve encore quelques arpents) pressent que ce terroir « en a sous le pied » : il met donc le sien au plancher. La bastide recouvre bientôt son élégance, et l'année suivante verra la création d'une cave ultra moderne, conçue par l'architecte Antoine Lévêque dans un esprit épuré, quasi cistercien. Presque totalement enterrée, elle couvre plus de 1000m2 et abrite le summum de la technologie : cuves tronconiques (tout inox Serap), protection sous gaz inerte de l'intégrité des jus, échangeur thermique performant, en quête permanente du meilleur résultat. En l'absence du maître des lieux souvent retenu à l'étranger, le domaine est dirigé par Philippe Dabet. Il occupe 66 hectares, dont 30 de vignes d'un seul tenant, au piémont septentrional du sommet des Maures. D'emblée, elles sont entièrement restructurées, sauvegardant toutefois de précieux grenaches soixantenaires. Syrah, rolle et cinsault sont réimplantés, avec une sélection des meilleurs porte-greffes pour obtenir une délicatesse optimale. L'ensemble est conduit en agriculture raisonnée.

Encadré par la rivière Aille et le ruisseau Réal d'Or, le vignoble repose sur des sols aux schistes d'une exceptionnelle richesse. La proximité de l'eau le protège d'éventuels stress hydriques, et le mistral y exerce ses bienfaits sanitaires. Les grandes amplitudes thermiques constituent un gage supplémentaire de qualité. Les rendements oscillent autour de 35hl/ha.

[...]

La vendange s'effectue de nuit par parcelle et par cépage; accueillie en cave par gravité, elle reçoit un sourcilleux tri manuel. Baptiste Ramboz, maître de chai - jurassien lui aussi - élabore ses cuvées sous l'égide de l'œnologue-conseil Jérôme Paquette. «Château Réal D'Or» blanc, 100% rolle, pressurage direct, passe en stabulation à froid durant 15 jours sur lies fines, avec bâtonnages quotidiens, et deux débourbages. Il sera élevé durant 4 mois, pour un tiers en barriques de chêne français neuf. Vinification identique pour le rosé (cinsault, grenache, cabernet-sauvignon et syrah) qui sera élevé en cuve inox. Le rouge (moitié syrah, un tiers cabernet-sauvignon, puis grenache) reçoit une macération longue (45 jours). Double débourbage, très légère filtration, pas de collage; il sera élevé en barrique (un tiers bois neuf) durant 12 mois minimum, suivis de 8 mois de repos.

En 2015, une première cuvée d'exception en rosé a vu le jour. Issu des plus anciens cépages de grenache (70%) et syrah, vinifié et élevé comme son homologue, cet emblème a décroché l'exclusivité pour son mythique nom de baptême: «Monte-Carlo»!
Allusif hommage à son propriétaire qui de surcroît, voit ses terres s'ouvrir directement sur ... le circuit automobile du Luc! François Lethier ne se prive pas d'y aller taquiner quelque bolide pour un brin de détente après une journée dans les vignes...

Château Roubine - *Cru Classé*

La riche histoire de ce lieu se déroule sur la totalité de notre ère. Déjà sous l'occupation romaine, il était traversé par la voie Julienne reliant Fréjus à Riez. Au Moyen-âge, les Templiers y avaient édifié une Commanderie qui s'étendait sur 25000 hectares; annexée en 1307 sur ordre de Philippe le Bel, elle revint à l'Ordre de Saint Jean de Jérusalem.

De grandes familles provençales devaient plus tard s'y succéder jusqu'à la Révolution, qui procéda au morcellement des terres. La vocation viticole de la propriété est confirmée au début du XXème siècle: en 1955, Château Roubine accède à la distinction «Cru Classé» accordée à 23 domaines provençaux.

Tropézienne de naissance, Valérie Rousselle l'acquiert en 1994, après un brillant début de carrière dans l'hôtellerie de luxe. Relevant avec éclat ce nouveau défi, elle se voit bientôt adoubée par ses pairs à la présidence des Crus Classés. Son domaine couvre aujourd'hui 150 hectares, dont 90 de vignes étendues dans un amphithéâtre cerné de forêts. Les sols argilo-calcaires sont naturellement drainés par la

confluence de plusieurs ruisseaux (roubines en provençal), et par la rivière Florièye limitrophe. Depuis 2012, le vignoble est conduit en agriculture biologique, les rendements y sont limités par vendanges vertes. La cave dispose des dernières technologies: ses aménagements (traitement des eaux usées, panneaux récupérateurs) témoignent d'un profond respect pour la nature.

Le domaine présente trois cuvées tricolores, toutes en Cru Classé. Cuvée Premium, «Château Roubine» illustre brillamment la tradition viticole de son appellation. La cuvée prestige «Terre de Croix», hommage au drapeau templier, symbolise une certaine exigence de droiture et de rigueur, perceptible dans la facture de ses vins. Attardons nous sur la tête de cuvée «Inspire», créée par inclination panthéiste. Le blanc, issu de rolle et sémillon à faibles rendements, est élevé partiellement en barriques de chêne sur lies fines.
Le rosé, pur tibouren, met en valeur cet ancien cépage emblématique du patrimoine varois. Le rouge, à dominante syrah puis cabernet-sauvignon vinifiés séparément, passe en cuvaison longue avant

élevage d'un an en barriques de chêne. Saluons enfin le dernier-né du château, un élégant rosé issu à parité de grenache et cinsault, dominé par le tibouren. Provenant d'une rigoureuse sélection de parcelles, il décroche d'emblée la médaille d'Or au Concours Général Agricole de Paris, saluant ainsi l'arrivée d'Adrien, fils de Valérie, pour assurer le développement du domaine. Judicieusement baptisé «La Vie en Rose», ce vin semble annonciateur de déclinaisons hédonistes, il est symbole de féminité et d'élégance.

Couronnant vingt années d'efforts et d'investissement personnel, tant pour la promotion de ses vins que pour la valorisation du terroir varois, Valérie Rousselle a reçu aux Invalides, le très élitiste Prix de l'Excellence Française. Pour la première fois de son histoire, cette récompense baptisée «Rosé de Provence» honorait à la fois une personne, un savoir-faire, un terroir et un vin. Magnifique consécration, qui s'ajoute à la fierté maternelle de voir perpétuée l'image de Château Roubine à son zénith.

Château du Rouët

Sur les premiers contreforts de l'Esterel, Château du Rouët étend ses 120 hectares dans un site majestueux et protégé, classé en zone «Natura 2000».
Le vignoble à lui seul, couvre 91 ha, dont 74 en production; il repose aux pieds d'une falaise volcanique d'ocre rouge culminant à 560 mètres d'altitude, face à la mer. La viticulture y est attestée depuis le XVIIIème siècle: le Seigneur du Rouët, alors précepteur de Louis XVI, abreuvait la cour royale de ses vins. En 1840, le domaine - qui comprend un millier d'hectares de forêts - revient à une famille de magistrats fréjussiens qui développent le vignoble; l'ensemble sera ensuite transmis par les femmes jusqu'à l'actuelle génération. Anecdote historique: Lucien Savatier - l'un des ancêtres - alors directeur des chantiers navals de La Seyne-sur-Mer, fut chargé de désarmer la frégate «Belle Poule» qui avait rapatrié les cendres de l'Empereur Bonaparte. Par déférence posthume, il sauva les portes de la cabine - reliquaire: celles-ci ornent désormais la chapelle du château, bâti à la même époque avec ses alentours de parcs et bassins.

Les vignes orientées plein sud, bénéficient d'une situation exceptionnelle: insérées entre les Gorges de Pennafort et celles du Blavet, elles s'épargnent tout stress hydrique et jouissent tantôt des brises maritimes, tantôt du mistral.

[...]

Entourées d'un patrimoine forestier remarquable, elles disposent la nuit, par réfraction, de la chaleur diurne captée par la falaise.

Elles reposent sur des sols de grès rouges datant de l'ère permienne, et d'éboulis volcaniques (rhyolites), archétype de la récente appellation «Terroir Fréjus». Aux côtés de son frère Martin, avec qui il secondait leur père Bernard depuis 1990, Matthieu Savatier s'est beaucoup dépensé pour obtenir cette reconnaissance. Désormais seul à la tête du domaine, il est d'ailleurs nommé président de l'appellation.

En hommage à cette certification, le maître des lieux a d'ailleurs créé une cuvée spéciale baptisée: «Terroir Fréjus», dont le rouge est toujours en élevage. Le rosé (tibouren et grenache 40% chaque, syrah 20%), premier jus de saignée, provient de parcelles sélectionnées à faibles rendements (35 hl/ha). Il fermente à basse température avant élevage sur lies, et offre une délectable affinité du cépage tibouren pour ce sol.

La cuvée «1840» tricolore, constitue le cœur de gamme du domaine, son emblème figurant sous les trois couleurs

de la cuvée «Belle Poule», avec un blanc 100% rolle issu de vieilles vignes, et vinifié traditionnellement, à l'identique du rosé issu de saignée (grenache 60%, syrah 40%).

Le rouge (syrah 60%, grenache 35% et cabernet) passe en macération longue, avant élevage d'un an en boutes de chauffe légère. Curiosité hors A.O.P.: «Séverac», un rouge entièrement issu de vieux alicantes (25 hl/ha) vinifié traditionnellement avec pigeages et remontages, puis élevé en demi-muids et barriques; sa puissance sollicite une longue garde.

Dans ce lieu voué à l'œnotourisme, Château du Rouët propose en location plusieurs maisons pouvant accueillir au total 12 à 14 personnes. La «Grande Maison» doit sa notoriété au fait qu'elle servit de décor au film de Woody Allen «Magic in the Moonlight». Pour les mariages, la grande salle de réception avec jardin peut abriter 120 convives assis. Avis toutefois aux metteurs en scène tentés à leur tour: un cadre pareil, ce n'est pas du cinéma!

Domaine Saint Andrieu

Situé sur le territoire de Correns, premier «village bio» de France, ce domaine d'une sauvage beauté étend ses 650 hectares sur le versant sud du Bessillon, plus haut sommet du Centre-Var culminant à 813 mètres. La plus importante des nombreuses sources qui le parsèment lui a donné son nom - et son eau, qui alimente une superbe fontaine. Déjà propriétaires de Château Talbot (Grand Cru Classé Saint Julien) Jean-Paul et Nancy Bignon l'acquièrent en 2003, séduits par sa nature miraculeusement préservée et son terroir prometteur. L'état de semi-abandon exige cependant de lourds travaux, tant sur le vignoble que sur la bastide XVIIIème, qui va bientôt recouvrer son authentique facture provençale.

Les chais entièrement rénovés et adaptés, accueillent désormais le matériel de pointe nécessaire à l'élaboration de grands vins. Grégory Guibergia, responsable du domaine s'y attache avec ferveur, aux côtés des propriétaires, de l'équipe technique de Château Talbot et avec les conseils de l'œnologue Richard Bertin.

Les vignes couvrent aujourd'hui 26 hectares, sur des sols argilo-calcaires, avec dolomies. Situées en amphithéâtre de coteaux exposés plein sud, à 380 m d'altitude, elles bénéficient d'un micro-climat semi-continental. Le vignoble de Saint Andrieu s'étend à la jonction de deux A.O.P. provençales, qui déclinent chacune leur gamme tricolore.

En Côtes de Provence, la cuvée «Domaine Saint Andrieu» présente un rosé pur jus de pressurage direct, vinifié à 16°, issu de grenache, cinsault, syrah et rolle. Le rouge, issu de syrah (75%) et mourvèdre, affirme un caractère très «rhodanien».

[...]

" ... La plus grande source a donné son nom au domaine ... "

Il est vinifié traditionnellement, raisins égrappés et très peu foulés; 40% de l'ensemble est élevé en barriques durant 9 mois. Le blanc, 100% issu de rolle passe en macération pelliculaire à froid, pressurage pneumatique, débourbage à froid avant élevage sur lies. En A.O.P. Coteaux Varois, la cuvée «Oratoire Saint Andrieu», rosé est issue des mêmes cépages que son homologue (seuls diffèrent leurs proportions… et leur terroir) et sera pareillement vinifiée. Le blanc est également pur rolle, et lui aussi vinifié comme son «demi-frère». Cette procédure quasi-similaire, loin d'être redondante, permet au contraire de mettre en valeur l'identité de chaque terroir. En témoignent les moissons de médailles qui distinguent l'une ou l'autre appellation, selon les millésimes. Le rouge «Oratoire» assemblage de syrah majoritaire et cabernet-sauvignon, se distingue également de celui du «Domaine» par son élevage en cuves.

C'est toujours un bel honneur pour notre département, que de voir s'y établir avec foi les grands vignerons de nos plus prestigieux territoires viticoles. Certes, Jean-Paul et Nancy Bignon ont d'abord été séduits par la puissance tellurique du Bessillon protecteur, par ce coin secret de Provence où l'on cultive encore «de l'authentique» selon la fulgurante expression pagnolesque. Mais… le flair…

Château de Saint-Martin - *Cru Classé*

Maints vestiges archéologiques attestent la riche histoire du domaine, comme cette pierre à sacrifices ou ces traces d'écriture, remontant au IIIème millénaire avant J.C.

Au début de notre ère s'étendait ici une ferme gallo-romaine en activité jusqu'au VIIème siècle. Après la transition mérovingienne, c'est à partir de l'an Mille que les moines de Saint-Victor, puis de la Celle-Roubaud et de Lérins s'y succédèrent, créant un prieuré viticole, une chapelle romane, ainsi qu'une cave souterraine de prodigieuse facture, entièrement creusée dans le roc. Ouverte à la visite, elle abrite aujourd'hui des foudres en chêne de Hongrie installés au XVIème siècle, désormais aménagés en décors illustrant la chronique du passé. En 1740, Joseph, Marquis de Villeneuve-Bargemon fait bâtir le château qui sera le cadeau de mariage de sa fille Marie-Anne. Depuis cette date le domaine sera transmis par les femmes, au cœur des plus grandes lignées de Provence. Au milieu du siècle dernier, Edme de Rohant-Chabot se trouve à la tête de la propriété. Ce visionnaire novateur du vignoble provençal - l'un des créateurs des Crus Classés de Provence - devient Président du syndicat des Côtes de Provence et sera le tenace artisan de leur classement en A.O.C. Sa fille Thérèse épouse en 1959 le comte Bruno de Gasquet qui disparaît trop rapidement, la laissant seule à la tête du Château de Saint Martin. C'est désormais sa fille Adeline de Barry qui préside aux destinées de ce haut lieu, avec une énergie digne de son aïeul vénéré.

[...]

Château de **Saint-Martin** | 143

Le domaine s'étend sur une centaine d'hectares, dont 40 de vignes en production. Il repose sur des schistes et argiles rouges au pied des Maures, et argile très calcaire au septentrion.

La vigne est conduite en culture raisonnée, et dans le respect des traditions familiales. Tout en étant à la pointe des techniques modernes, le vignoble est replanté chaque année mais veille à avoir toujours un équilibre : 1/3 de jeunes vignes, 1/3 de vignes en pleine maturité et 1/3 de vieilles vignes. En hommage à son grand-père qui a tant œuvré pour la renommée des vins de Provence, Adeline a créé une cuvée d'exception - rouge - baptisée Comte de Rohan-Chabot, réservée aux grands millésimes. Parmi les cuvées pérennes, découvrez le blanc «Comtesse de Saint Martin vieilles vignes» (clairette, ugni blanc, rolle, 25 hl/ha) élevé 12 mois en cuves taillées dans la roche et en fûts de chêne; le rosé «Eternelle Favorite» issu de tibouren, carignan, grenache, un vin

délicat associant des parfums de fleurs et de fruits, et le rouge «Grande Réserve» (grenache, mourvèdre, syrah, cabernet-sauvignon) élevé lui aussi dans le roc.

Le château s'ouvre également à un œnotourisme de haut vol, qui permet aux hôtes d'entrer de plain-pied dans l'histoire de la Provence: des réceptions à l'intérieur de la cave monumentale, la magnanerie, divers salons intimes, ou à l'extérieur dans le jardin romantique et sur l'esplanade du château, qui peut accueillir jusqu'à 500 personnes. Chaque année, le domaine organise des évènements variés, gastronomiques, ludiques et culturels et propose en permanence dans la cave souterraine les «Vinoscénies».

«Transmettre et partager»: telle pourrait être la devise du Château de Saint-Martin, illustrée dans l'oculus du nouveau chai par un superbe vitrail représentant la découpe du célèbre manteau par le saint homonyme.

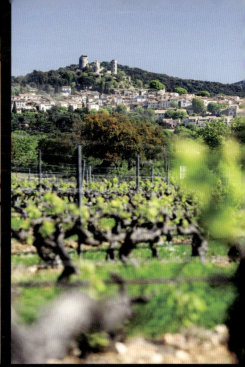

C'est en 2011 que Roger Zannier, fondateur de grandes marques de vêtements pour enfants acquiert Château Saint Maur, qui fait partie des 18 crus classés A.O.P. Côtes de Provence. Il dispose déjà d'une riche expérience de grand vigneron: il a créé voilà plus d'un quart de siècle la Quinta Do Pessegueiro, prestigieuse propriété viticole située dans la vallée du Douro. Dans cet esprit épuré, il intègre un «chai d'œuvre», imposant la rigueur architecturale sur les bâtiments d'origine. Bardées de la meilleure technologie, les caves sont enterrées sur trois niveaux jusqu'à 10 mètres de profondeur. La direction du domaine est confiée à son gendre Marc Monrose, bourguignon d'origine, également à la tête de la Quinta.

A quelques encablures de Saint Tropez, le domaine s'étend sur une centaine d'hectares situés sur les ultimes contreforts maritimes des Maures; quantité de vestiges d'amphores attestent l'antique vocation viticole des lieux, gage évident d'un terroir prédestiné. Le vignoble couvre 58 hectares exposés est-ouest, abrités du mistral par le massif

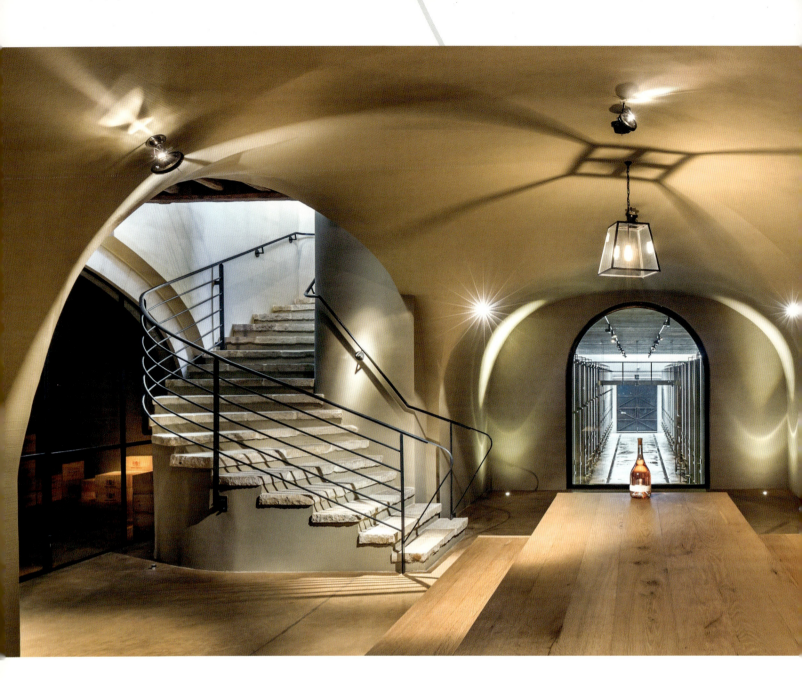

et bénéficiant des brises maritimes estivales. Il repose pour l'essentiel en collines, sur des sols argilo-calcaires parsemés de micaschistes. Une partie sablo-limoneuse située en bordure de la Giscle est destinée aux vins I.G.P. Les vignes sont conduites en culture raisonnée, les rendements oscillent entre 30 et 40 hl/ha. Chaque phase de travail est effectuée «à la parcelle».

Parmi l'ensemble des vins du domaine, la cuvée «Saint M» déclinée en trois couleurs, constitue le cœur de la production. La cuvée «Excellence» également tricolore, participe au prestige de Château Saint Maur. Le blanc, assemblage de rolle, ugni blanc et clairette, est issu de parcelles sélectionnées aux sols de mica-schiste et calcaire. Le rosé, assemblage de grenache, tibouren, cinsault et syrah, souscrit aux mêmes exigences. Le rouge, majoritairement issu de syrah puis grenache, mourvèdre, cabernet-sauvignon, passe en fermentation alcoolique durant 20 jours; la malolactique s'effectue après décuvage

et sera suivie d'un élevage de 12 mois en fûts de chêne neufs. Ce vin relève d'une vendange qualifiée de «haute couture», terme évocateur d'intransigeance à la récolte et de méticulosité en cave. Enfin, la cuvée «Le Clos de Capelune» reflète l'ambition suprême du domaine, à l'aide d'une parcelle d'exception éponyme, acquise en 2012. Exposée sud-est, sur 12 hectares de micaschistes et calcaire, elle se situe à 449m d'altitude, au point culminant de l'A.O.P. «Côtes de Provence». Elle offre un rosé aristocratique, issu de grenache, cinsault, mouvèdre et rolle, vinifié traditionnellement avec séparation des jus de goutte et de première presse. Le blanc de Capelune, entièrement issu de rolle, verra le jour en 2016.

Le grand projet écotouristique du domaine réside dans la transformation complète de la bâtisse XIXème ancrée au cœur des vignes. Profondément remaniée, elle offrira bientôt un hôtel luxueux, intégrant vinothérapie et école de dégustation.

Sainte Croix La Manuelle

En préambule, saluons l'épopée de la famille Pélépol, inscrite dans le vignoble varois depuis quatre générations.
D'abord Fernand, l'ancien poilu surnommé «le Papet», qui fut l'un des premiers vignerons à créer sa cave particulière en 1920. À ses côtés, son fils René livrait alors les vins en dame-jeanne aux particuliers, tout en développant la superficie du domaine qui compte désormais 40 hectares de vignes. La succession filiale se poursuit aujourd'hui avec Christian à la tête de l'exploitation, secondé par son propre fils Laurent au commerce et son épouse Cathy à l'accueil. Véronique s'active à ses côtés, Ludovic assure la partie technique, et Arnaud officie en cave.

Sainte Croix la Manuelle n'usurpe pas son évocation religieuse: nous sommes à deux pas de l'abbaye du Thoronet - l'une des trois cisterciennes de Provence - et la Manuelle, parcelle-reine du domaine (13 hectares d'un seul tenant) est une ancienne possession du monastère de Bethléem mitoyen. Les moines converts y cultivaient déjà la vigne, comme en témoignent quantité de vestiges resurgis. Le vignoble actuel fut complanté en 2009, un an après l'érection des bâtiments neufs, dans une parfaite intégration au site farouchement protégé.

Le domaine présente une belle diversité de terroirs (argile, calcaire, grès); le climat est soumis entre jour et nuit, à de grandes amplitudes thermiques, favorables à une lente et régulière maturation des baies.
Leur maturité tardive se révèle particulièrement bénéfique pour les cépages blancs. La cuvée «Pierres Sauvages» (qui étaient destinées à l'édification de l'abbaye, selon le titre du célèbre ouvrage de l'architecte Fernand Pouillon) est

[...]

issue de rolle majoritaire et d'ugni blanc. Elevée sur lies avec bâtonnages durant un an, elle constitue l'emblème de la maison Pélépol, qui accorde une attention particulière à cette couleur - on comprend pourquoi lors de la dégustation! En témoignent encore le succès de son muscat «Petits Grains» miraculeusement léger et fruité, ou le blanc de blancs «Cuvée La Manuelle». Entièrement issue de rolle, cette cuvée provient d'une rigoureuse sélection de raisins et parcelles. Clos Manuelle rouge (cabernet-sauvignon et syrah à parité) constitue notre second coup de cœur, avec son nez de petits fruits rouges et sa bouche légèrement torréfiée, aux tanins fins et serrés. Citons enfin le «Rosé Charmeur» issu de grenache et syrah, qui n'usurpe pas son nom!

Outre son accueil chaleureux, le caveau présente un circuit pédagogique illustrant l'ampélographie et la connaissance des sols (réservation pour les groupes). Une maison de vigneron en cours d'aménagement s'ouvrira bientôt pour une courte restauration avec les produits du terroir… et les vins du domaine. Les nombreux visiteurs attirés par la célèbre abbaye seraient bien inspirés de faire étape à Sainte Croix La Manuelle, là où le sang du Christ se savoure avec le recueillement nécessaire, empreint d'une suavité d'essence divine…

Selon les cartulaires, le domaine figurait déjà au XVIIIème siècle parmi les biens agricoles de la sublime Chartreuse de la Verne. Le domaine Sainte Marie doit son nom à une sorte de miracle local: en 1884, la dernière épidémie de choléra qui décimait les vallées alentour épargna ce hameau, comme protégé par la tutelle monastique. En gage de reconnaissance, une statue de la Vierge fut alors érigée.

C'est en 2007 que Dominique Duburcq acquiert ce domaine quelque peu alangui. Industriel dans le Nord, il sollicite alors le concours de son fils Christopher, qui poursuit d'autres activités sur l'aire tropézienne voisine. D'abord réservé, le jeune homme se prend bientôt de passion pour cette vie pleinement écologique dans un environnement préservé, si proche et pourtant si éloigné des trépidations balnéaires. Rapidement converti, il consacre les premières années à la restructuration du vignoble et à sa conversion en culture biologique, certifiée Ecocert depuis 2012.

Protégées par l'imposant massif forestier, les vignes majoritairement palissées couvrent aujourd'hui une quarantaine d'hectares. Trentenaires en moyenne, elles conservent quelque anciens grenaches qui frôlent la cinquantaine - certaines clairettes l'ont même largement dépassée! Le terroir est constitué d'un sol siliceux filtrant de micaschistes, schistes et quartz blanc: son acidité promet une belle vivacité aux vins. Exposé plein sud, il s'étale en pentes douces, sous un climat à fortes amplitudes thermiques, propices à la bonne maturation des baies. L'eau y affleure partout, évitant le stress hydrique des étés torrides. Les rendements sont limités à une quarantaine d'hl/ha.

Pour sa cuvée «Tradition», évocatrice des méthodes de vinification et élevage, le domaine élabore un rouge 3/4 syrah, cabernet-sauvignon, un blanc moitié rolle, ugni blanc, clairette, et un rosé assemblage de cinsault, grenache, syrah, mourvèdre, cabernet et carignan. La cuvée gastronomique, baptisée «1884» (vins issus de saignée, sélection de première goutte, première presse) est issue des plus anciens cépages.

Evocateur de la frénésie tropézienne, le rosé «Paparazzi» souligne également la passion de Christopher pour la photo - le caveau abrita récemment une exposition sur Cuba, signée par l'illustrateur du présent ouvrage. Issu d'un assemblage de grenache, cinsault et vénérable tibouren, présenté dans un flacon exclusif, ce vin de fête illustre à merveille l'esprit des lieux...

Avec la forêt du Dom pour écrin, le domaine Sainte Marie se prête à un œnotourisme de quiétude raffinée, à proximité du littoral et de l'aérodrome de La Môle. Il offre ainsi en locations estivales une maison de maître avec 6 chambres, une autre de 4 chambres, une bergerie au cœur des vignes et un loft de 40 m2, l'ensemble disposant de sauna et piscine. Une vaste salle d'apparat et un chapiteau de soirée accueillent réceptions et manifestations culturelles. Sentier de randonnée en direction de la Chartreuse, parcours V.T.T dans les vignes, visites guidées de la cave et du site, sous protection de la Très Sainte Mère...

Château des Sarrins

Le domaine est établi sur une ancienne magnanerie qui, au XIXème siècle, comportait 500 hectares couverts de vignes, oliviers et mûriers. Sauvegardée et aujourd'hui restaurée, la fière bâtisse témoigne encore de son passé opulent. Les Sarrins doivent leur nom à une amputation du mot «Sarrasin» attribué aux musulmans qui occupèrent le massif des Maures du VIIIème au XIème siècle. Lors d'une razzia dans le haut pays varois, un de leurs chefs succomba sur ces terres; d'après la légende, il y serait enterré dans son armure d'or.

Séduit par la sauvage quiétude de ce paysage provençal, Bruno Paillard acquiert le domaine en 1995. Ce grand vigneron champenois, descendant d'une famille investie dans le mythique terroir depuis 1704, considère d'abord ses nouveaux raisins avec détachement, mais le naturel revient vite au galop lorsqu'il en flaire - littéralement! - le magnifique potentiel. Grenache, syrah, cinsault - même le mourvèdre - se comportent très bien ici: ils seront conservés. Une partie sera toutefois remaniée, par suppression des ugnis blanc et des carignans (à l'exception d'une parcelle plus que cinquantenaire) remplacés par syrahs, mourvèdres et rolles.

Le Château des Sarrins s'étend aujourd'hui sur une centaine d'hectares, dont 27 de vignes conduites en agriculture biologique, avec des rendements moyens inférieurs à 40 hl/ha. L'ensemble s'étire entre 150 et 250 m d'altitude, sur un sol argilo-calcaire de l'ère triasique. Une ceinture de bois tient les maladies à l'écart et crée un microclimat favorable au mûrissement régulier des baies. Elle y abrite quelques arpents celés, qui donneront les cuvées, vinifiées sous bois et baptisés «Secret». Ce qualificatif reflète parfaitement le caractère intime du domaine, enserré au coeur d'une nature intégralement préservée. Un an après son arrivée,

[...]

le propriétaire construit une nouvelle cave selon le principe de gravité: blancs et rosés arrivent directement dans le pressoir, les rouges sont égrappés puis conduits au niveau inférieur dans la cuverie (inox) semi-enterrée et climatisée. Mitoyen, le chai à barriques (chêne d'Allier au grain fin, de brûlage moyen) accueillera le rouge «Château des Sarrins» et le blanc «Secret».

L'œnologue Marc Bertrand, installé au domaine depuis 2010, a toujours pratiqué la culture biologique; il partage avec le maître des lieux une quête identique d'excellence, comme en témoignent leurs vins tenus en haute estime pour leur caractère unique. Seule cuvée hors A.O.P. Côtes de Provence du domaine, le «Blanc de Rolle» est un monocépage de première presse, vinifié traditionnellement en cuves inox. Le blanc «Secret» (première presse également issu de rolle) est vinifié en barriques (bois demi-neuf) avec longue fermentation - mais sans malolactique. L'élevage se poursuit en barriques durant 9 mois, avec bâtonnages à la demande.

«Château des Sarrins» rosé est issu en majorité de cinsault puis grenache, avec quelque touches de syrah, mourvèdre et rolle. Eraflage, foulage et décantation précèdent la fermentation en cuves inox, suivie de soutirage et clarifications. Assemblage en janvier, puis élevage deux mois en cuves inox.

«Château des Sarrins» rouge est issu des plus anciennes vignes de syrah, grenache et mouvèdre, avec une touche de cabernet-sauvignon et carignan. Vin de goutte, il macère 20 jours maximum puis fermente en cuves inox (24 à 26°).

Après malolactique au printemps, suivie de deux soutirages, il sera mis en barriques (2 à 3 vins) durant 24 mois. L'assemblage réalisé en cuves précède la mise en bouteilles.

Tous les vins de Château des Sarrins présentent une telle richesse de flaveurs qu'il serait vain de tenter leur énumération. A ce jour, le sarrasin aurifère n'est toujours pas exhumé, mais inutile de retourner à la pioche les cent hectares du domaine! Visez plutôt le caveau: de belles pépites reposent à l'intérieur des flacons...

Délaissant ses chères brumes londoniennes où, après Paris, il avait fondé un nouvel institut d'enquêtes, Jean-Louis Croquet se met un jour… en quête d'un domaine viticole dans le sud de la France. Fort d'une première expérience en terroir chablisien, c'est en 1998 qu'il découvre enfin Château Thuerry, assoupi aux pieds des prestigieux villages de Villecroze et Tourtour. Fondateur de la radio libre R.F.M., il perçoit ici d'autres ondes, plus telluriques.

Le domaine de 400 hectares se niche dans le parc naturel régional du Haut-Var, parmi les plus beaux paysages de France. On découvre alors l'altière commanderie templière du XIIème siècle, bâtie sur une ancienne villa gallo-romaine dont les vestiges affleurent parmi les ceps. A ses pieds l'un des plus beaux chais jamais édifiés, étire ses 2300 m2 de blancheur. Il abrite une rotonde de 12 cuves inox et deux cuves tronconiques en chêne destinées à la vinification des grands rouges. L'ensemble est muni d'un système de pigeage et remontage entièrement automatisé.

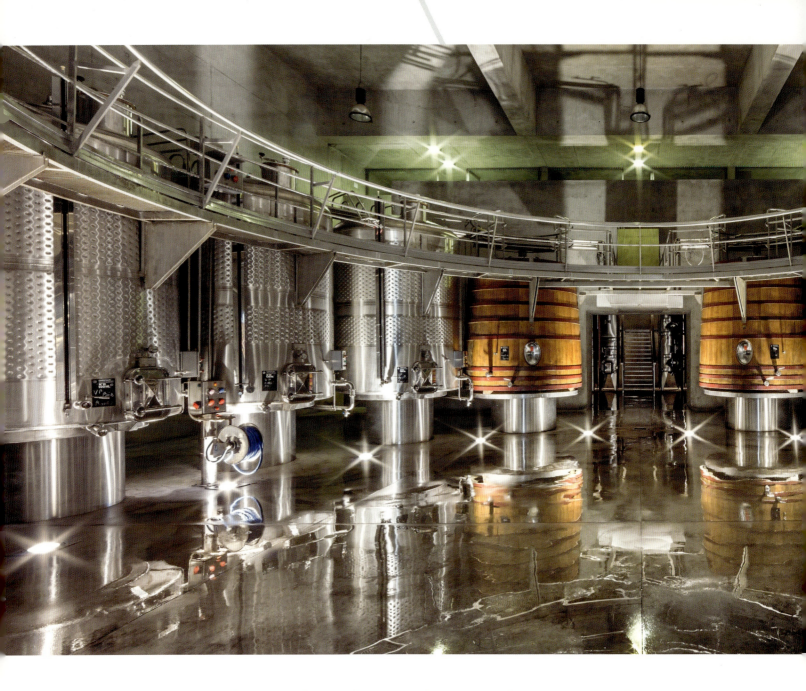

Le vignoble s'étend sur 43 hectares situés à plus de 400 m d'altitude, et orientés plein sud, sous un climat continental. Les sols, argilo-calcaires très cailouteux, sont parcourus de ruisseaux épargnant le stress hydrique des étés torrides. Il couvre trois appellations: A.O.P. Coteaux Varois pour les 2/3, A.O.P. Côtes de Provence et I.G.P. Coteaux du Verdon, où merlot et cabernet donneront des rouges dignes des plus renommés. D'importantes plantations de cépages blancs porteront à niveau les trois couleurs en production. Les vignes sont conduites en lutte raisonnée, avec amendements organiques; les plus anciennes conservent encore des cinsaults quasi centenaires!

Précédée d'une vendange verte, la vendange en totalité est intégralement manuelle et très sélective: seuls sont retenus les fruits à l'état sanitaire parfait.

Serge Gombert, maître de chais, vinifie individuellement parcelles et cépages, jus de presse et de goutte. Les rouges passent en macération longue, sous haute température en fin de cuvaison. Rosés et blancs,

vinifiés à très basse température, après une macération fermentaire sont élevés sur lies fines durant 5 mois. Les assemblages s'effectuent en la présence éclairée de l'œnologue Fabien Degioanni.

Issue d'un terroir classé «Vin de Pays», la cuvée tricolore «Exception» n'usurpe pas son nom. La cuvée «Abeillons» poursuit son succès et s'affirme sur les plus grandes tables. Découvrez également l'extraordinaire blanc moelleux issu de muscat blanc à petit grain et de sémillon, baptisé «MustK».

Ayant vu le jour au Château de Versailles, Jean-Louis Croquet est à l'origine avec Alain Baraton, jardinier en chef du Château de Versailles, de la plantation des vignes du Hameau de la Reine en 2003 et de la vinification en 2006 en Provence, à Château Thuerry, du premier rosé issu de ce vignoble. Il se réjouit par ailleurs du succès de ses «Nuits Lyriques» organisées chaque été au domaine, en présence des plus grands interprètes. Il sait toutefois rester modeste: ses vins parlent pour lui...

Château Vaudois

Château Vaudois tient son nom de la très ancienne histoire locale: c'est au XIIIeme siècle que les disciples de l'Eglise Evangélique Vaudoise, pourchassés dans leur région lyonnaise d'origine, vinrent se réfugier dans cette fertile vallée du fleuve Argens. Ce nouveau venu dans le paysage viticole varois fut créé de toutes pièces en 2000: l'entrepreneur de B.T.P. Gérard Delli-Zotti acquiert alors cet ancien corps de ferme au cœur de plusieurs hectares afin d'y créer ... une sablière! L'extraction se révélant trop aléatoire, il décide avec le soutien de son épouse Marie, d'aménager ce lieu en domaine viticole, un rêve que le couple caressait depuis toujours. Selon les conseils de leur œnologue Roland Mistre, le vignoble doit être installé sur les collines alentour: il «suffira» d'en écrêter un bon million de m3, pour y installer de vastes restanques. Douze hectares de vignes sont implantés sur ce terroir schisteux de la pointe orientale des Maures, exposés sud-est et conjointement assainis par le mistral et les brises marines. Pour obtenir la classification en A.O.C., les démarches administratives - nous sommes en France - ne réclameront qu'une douzaine d'années...

Sur ce domaine de 64 hectares au total, le vignoble sera bientôt porté à 18, superficie ultime. L'agriculture raisonnée est ici de rigueur; les rendements A.O.P. ne dépassent pas 40 hectos/ha. En cave, un matériel de haute technologie permet une maîtrise des températures très performante, sous la gouverne du maître de chai.
Parallèlement à l'implantation de la vigne, des bâtiments techniques et d'accueil à l'élégance contemporaine sont érigés par l'architecte maison.

En A.O.P. Côtes de Provence, Château Vaudois s'est d'abord fait adouber parmi les grandes tables de la région dès la sortie de son premier vin: un rosé (assemblage paritaire de syrah, cinsault et grenache), suivi d'un rouge (90% syrah, grenache).

[...]

« Vaudois Prestige » propose une trilogie d'exception sous la bannière I.G.P. des Maures, en hommage à la maîtresse de maison et à ses deux enfants. La cuvée « Marie » - un rosé tout grenache - est vinifiée et élevée directement en barriques de deux vins, durant 8 à 9 mois. Détail essentiel : ce sont des fûts d'acacia, qui donnent au vin un caractère mielleux d'exception. La cuvée « Christelle », blanc de blancs pur viognier, est vinifiée et élevée comme le rosé, mais dans le chêne de deux à trois vins. Enfin la cuvée Jonathan rouge est issue de merlot, et sera élevée dans le chêne français (deux vins) durant 14 mois.

À mi-chemin de Cannes et de Saint-Tropez, le domaine dispose déjà des meilleurs atouts pour développer un œnotourisme de luxe : voici le Daya, hôtel & spa 5 étoiles (5 suites et chambres, au cœur des greens du prestigieux Golf de Roquebrune Resort *****, desservi par une hélistation). À proximité des vignes s'étirent deux lumineuses salles de réception pour mariages, séminaires, cocktails. Le golf lui-même abrite le « Z », restaurant dirigé par un maître-restaurateur varois. Le Darko Beach, au bord du lac du Château, est dévolu à la détente et à la pratique du ski nautique.

Après 15 années de travaux titanesques, Gérard Delli-Zotti peut enfin contempler (et déguster !) les fruits de son travail, avec le soutien de sa famille entière : toute la décoration est initiée par son épouse, sa fille se consacre à l'événementiel (expositions bimestrielles, concerts) et son fils se charge de développer la clientèle internationale. À l'aune de son succès, Château Vaudois leur offre ainsi une riche carrière, qui ne sera pas…de sable.

Vignoble de la Source Sacrée selon les anciens écrits, Château Vignelaure témoigne d'une très ancienne histoire, qui remonte au premier siècle avant J.C. À l'est du domaine, des archéologues ont mis à jour une exploitation viticole datant de cette époque, et dont les caves abritaient une statue dédiée à Bacchus. Elle en figurait alors l'une des plus vastes du monde romain; une canalisation de même origine alimente encore la propriété.

Ancien propriétaire de Château la Lagune, Georges Brunet l'acquiert à la fin des années 1960, et s'empresse d'y installer en précurseur le cabernet-sauvignon provenant de ses réputés greffons bordelais. Pari visionnaire: en quelques années, il va hisser les vins rouges de Château Vignelaure au sommet des appellations provençales - et bien au-delà! Vingt ans après son départ, Bengt et Mette Sundstrom, jeune couple scandinave en quête d'une thébaïde ensoleillée, découvrent en 2007 ce site grandiose, son élégante bâtisse XVIIIème et ses vins de légende: ils sont arrivés.

Sillonnant fréquemment la planète pour leurs activités d'experts en transactions d'art, ils confient la direction du domaine à l'œnologue Philippe Bru, riche d'une expérience internationale, afin de perpétuer et enrichir le mythe Vignelaure.

Sur les cent hectares du domaine, le vignoble en comprend 60, répartis sur 3 parcelles distinctes, de taille comparable, et situées en coteaux jusqu'à 400 m d'altitude. Sur «La Grande Pièce» les premiers cabernets, les syrahs de «Chantemerle» au-dessus, et les sublimes merlots au sommet de «La Colline». Le climat continental offre des saisons contrastées; les sols, très variés sont à dominante argilo-calcaire caillouteux. Les plus anciennes vignes ont plus de soixante ans; depuis 2010, elles accueillent de nouveaux cépages blancs. Les vendanges sont entièrement manuelles; en 2018, tous les vins seront issus de l'agriculture biologique - qualification déjà acquise par la cuvée «Le Page de Vignelaure» blanc (rolle, roussanne, sémillon, sauvignon). «Le Page» rouge, issu de cabernet-sauvignon et merlot, est élevé 12 mois en fûts de chêne. Unique en Provence, le

rosé «Le Page» est issu du même assemblage. La cuvée «La Source de Vignelaure» constitue le cœur de gamme du domaine: le rosé est élevé 3 mois sur lies; le rouge est élevé pour partie en cuves, 60% passe 10 à 12 mois en fûts. Emblème de la propriété, «Château Vignelaure» rosé (grenache, syrah, cabernet) est issu comme le rouge de vignes cinquantenaires aux rendements de 20hl/ha. Le rouge (cabernet-sauvignon 70%, syrah 30%) est élevé 22 mois en fûts de chêne, puis réservé trois années en bouteille. Vignelaure a recouvré sa noblesse…

Contemporain du château, un très dense réseau de caves souterraines constitue à lui seul une curiosité, abritant conjointement les précieux flacons et la collection d'œuvres d'art contemporain entamée par Georges Brunet et perpétuée par Mette et Bengt. Le chai à barriques abrite plus de 400 fûts provenant de 6 tonneliers différents. L'ensemble constitue un véritable musée souterrain, qui s'ouvre à la visite par groupes de 4 à 80 personnes, avec possibilité de repas. Les différentes vues sur le vignoble, les jardins et l'altière demeure procurent elles aussi, une intense émotion artistique.

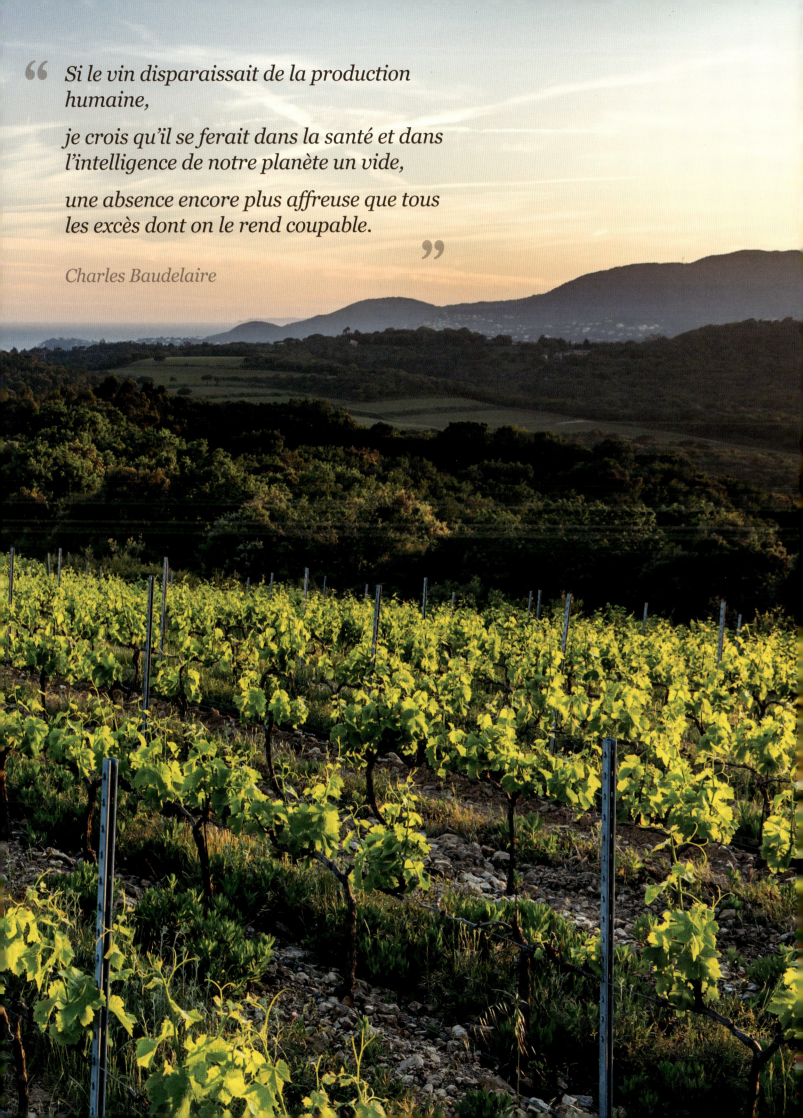

> " *Si le vin disparaissait de la production humaine,*
>
> *je crois qu'il se ferait dans la santé et dans l'intelligence de notre planète un vide,*
>
> *une absence encore plus affreuse que tous les excès dont on le rend coupable.* "
>
> *Charles Baudelaire*

Adresses des domaines

1 DOMAINE DE L'AMAURIGUE
Route de Cabasse
83340 LE LUC
Tel : 04 94 50 17 20
Fax : 04 94 50 17 21
Site : www.amaurigue.com
E-mail : contact@amaurigue.com

2 DOMAINE DE LA BÉGUDE
Route des Garrigues,
Départementale 2
83330 LE CAMP DU CASTELLET
Tel : 04 42 08 92 34
Fax : 04 42 08 27 02
Site : www.domainedelabegude.fr
E-mail : contact@domainedelabegude.fr

3 CHÂTEAU DE BERNE
Chemin de Berne
83510 LORGUES
Tel : 04 94 60 43 60
Fax : 04 94 60 43 58
Site : www.chateauberne.com
E-mail : info@chateauberne.com

4 CHÂTEAU DE BRÉGANÇON
639, Route de Léoube
83230 BORMES LES MIMOSAS
Tel : 04 94 64 80 73
Fax : 04 94 64 73 47
Site : www.chateau-de-bregancon.fr
E-mail : contact@chateau-de-bregancon.fr

5 CHÂTEAU LA CALISSE
Route D 560
83670 PONTEVES
Tel : 04 94 77 24 71
Fax : 04 94 77 05 93
Site : www.chateau-la-calisse.fr
E-mail : contact@chateau-la-calisse.fr

6 CHÂTEAU LA CASTILLE
RD 554 de la Farlède à la Crau
83210 SOLLIÈS-VILLE
Tel : 04 94 00 80 41
Fax : 04 94 00 80 56
Site : www.domaine-castille.fr
E-mail : fondation@domaine-castille.fr

7 CHÂTEAU VERT
Avenue Georges Clémenceau
83250 La Londe Les Maures
Tel : 04 94 66 80 59
Site : www.chateau-vert.com
E-mail : contact@chateau-vert.com

8 CLOS MIREILLE
Route de Brégançon
83250 LA LONDE-LES-MAURES
Tel : 04 94 01 53 50
Fax : 04 94 01 53 51
Site : www.domaines-ott.com
E-mail : ott.particuliers@domaine-ott.com

9 CLOS DES ROSES
1609 Route de Malpasset
Lieu dit Sainte Brigitte - RD 37
83600 FRÉJUS
Tel : 04 94 52 80 51
Fax : 04 94 53 25 17
Site : www.clos-des-roses.com
E-mail : closdesroses@clos-des-roses.com

10 DOMAINE DE LA CROIX
816, Boulevard de Tabarin
83420 LA CROIX VALMER
Tel : 04 94 95 01 75
Fax : 04 94 17 47 67
Site : www.domainedelacroix.com
E-mail : contact@domainedelacroix.com

11 COMMANDERIE DE PEYRASSOL
RN7
83340 FLASSANS SUR ISSOLE
Tel : 04 94 69 71 02
Fax : 04 94 59 69 23
Site : www.peyrassol.com
E-mail : contact@peyrassol.com

12 CHÂTEAU LES CROSTES
2086 Chemin de Saint Louis
83510 LORGUES
Tel : 04 94 73 98 40
Fax : 04 94 73 97 93
Site : www.chateau-les-crostes.eu
E-mail : caveau@chateau-les-crostes.eu

13 CHÂTEAU DES DEMOISELLES
Route de Callas
83920 LA MOTTE
Tel : 04 94 70 28 78
Fax : 04 94 99 52 40
Site : www.chateaudesdemoiselles.com
E-mail : contact@chateaudesdemoiselles.com

14 CHÂTEAU FONTAINEBLEAU (DU VAR)
Route de Montfort sur Argens
83143 LE VAL
Tel : 04 94 59 59 09
Fax : 04 94 59 55 70
Site : www.chateau-fontainebleau.fr
E-mail : info@chateaufontainebleau.fr

15 CHÂTEAU FONT DU BROC
Chemin de la Font du Broc
83460 LES ARCS SUR ARGENS
Tel : 04 94 47 48 20
Fax : 04 94 47 50 46
Site : www.chateau-fontdubroc.com
E-mail : info@chateaufontdubroc.com

16 CHÂTEAU GASQUI
Route de Flassans
83590 GONFARON
Tel : 06 03 31 06 00
Fax : 04 94 78 27 16
Site : www.chateau-gasqui.fr
E-mail: entrecieletterre@chateau-gasqui.fr

17 DOMAINE DE GAVAISSON
2487, chemin de Ginasservis
83510 LORGUES
Tel : 04 94 59 53 62
Site : www.gavaisson.fr
E-mail : info@gavaisson.fr

18 DOMAINE DU JAS D'ESCLANS
3094 route de Callas
83920 LA MOTTE
Tel : 04 98 10 29 29
Fax : 04 94 10 29 28
Site : www.jasdesclans.fr
E-mail : contact@jasdesclans.fr

19 CHÂTEAU LÉOUBE
2387, route de Léoube,
83230 BORMES-LES-MIMOSAS
Tel : 04 94 64 80 03
Fax : 04 94 71 75 40
Site : www.chateauleoube.com
E-mail : info@chateauleoube.com

20 CHÂTEAU MAÏME
Route Nationale 7
83460 LES ARCS-SUR-ARGENS
Tel : 04 94 47 41 66
Fax : 04 94 47 42 08
Site : www.chateau-maime.com
E-mail : maime.terre@wanadoo.fr

21 CHÂTEAU MARGILLIÈRE
Route de Cabasse
83170 BRIGNOLES
Tel : 04 94 69 05 34
Fax : 04 94 72 00 98
Site : www.chateau-margilliere.com
E-mail : contact@chateau-margilliere.com

22 CHÂTEAU MINUTY
2491 Route de la Berle
83580 GASSIN
Tel: 04 94 56 12 09
Fax : 04 94 56 18 38
Site : www.minuty.com
E-mail : info@minuty.fr

23 CHÂTEAU D'OLLIÈRES
Le Château - 83470 Ollières
Tel / Fax : 04 94 59 85 57
Site : www.chateau-ollieres.com
E-mail : info@chateau-ollieres.com

24 CHÂTEAU PALAYSON
Chemin de Palayson
83520 ROQUEBRUNE SUR ARGENS
Tel : 04 98 11 80 40
Site : www.palayson.com
E-mail : info@palayson.com

25 CHÂTEAU PARADIS
Domaine du Paradis
Avenue du Paradis
83340 LE LUC EN PROVENCE
Tél : 04 94 47 96 13
Fax : 04 94 50 61 28
Site : www.chateauparadis.fr
E-mail : jcf@chateauparadis.fr

26 CHÂTEAU DE PIBARNON
410 Chemin de la Croix des Signaux
83740 LA CADIÈRE D'AZUR
Tel : 04 94 90 12 73
Fax : 04 94 90 12 98
Site : www.pibarnon.com
E-mail : contact@pibarnon.fr

27 DOMAINE RABIEGA
516 chemin Cros d'Aimar
83300 Draguignan
Tel : 04 94 68 44 22
Site : www.domaine-rabiega.com
E-mail : christelle.martin@rabiega.com

28 CHÂTEAU RASQUE
2897 Route de Draguignan
83460 Taradeau
Tel : 04 94 99 52 20
Fax : 04 94 99 52 21
Site : www.chateau-rasque.com
E-mail : accueil@chateaurasque.com

29 CHÂTEAU RÉAL D'OR
Route des Mayons
83590 GONFARON
Tel : 04 94 60 00 56
Fax : 04 94 60 01 05
Site : www.chateau-realdor.fr
E-mail : secretariatrealdor@orange.fr

30 CHÂTEAU ROUBINE
4216 Route de Draguignan
83510 LORGUES
Tel : 04 94 85 94 94
Fax : 04 94 85 94 95
Site : www.chateauroubine.com
E-mail:communication@chateauroubine.com

31 CHÂTEAU DU ROUËT
Route de Bagnols
83490 LE MUY
Tel : 04 94 99 21 10
Fax : 04 94 99 20 42
Site : www.rouet.com
E-mail : chateau.rouet@wanadoo.fr

32 DOMAINE SAINT ANDRIEU
Chemin Saint Andrieu
83570 CORRENS
Tel : 04 94 59 52 42
Fax : 04 94 77 73 18
Site : www.domaine-saint-andrieu.com
E-mail : domainesaintandrieu@club-internet.fr

33 CHÂTEAU DE SAINT MARTIN
Route des Arcs
83460 TARADEAU
Tel : 04 94 99 76 76 - 04 94 99 76 77
Site : www.chateaudesaintmartin.com
E-mail : contact@chateaudesaintmartin.com

34 CHÂTEAU SAINT MAUR
535 route de Collobrière
83310 COGOLIN (Golfe de Saint-Tropez)
Tel : 04 94 95 48 48
Site : www.chateausaintmaur.com
E-mail : csm@zannier.com

35 SAINTE CROIX LA MANUELLE
Route de l'Abbaye
83340 LE THORONET
Tel : 04 94 67 31 47
Site : www.saintecroix-lamanuelle.com
E-mail : saintecroixlamanuelle@orange.fr

36 DOMAINE SAINTE MARIE
RN 98 Route de Saint-Tropez
83230 BORMES LES MIMOSAS
Tél : 04 94 49 57 15
Fax : 04 94 49 58 57
Site : www.domainesaintemarie.fr
Email : contact@domainesaintemarie.fr

37 CHÂTEAU DES SARRINS
897 Chemin des Sarrins
83510 SAINT ANTONIN DU VAR
Tel / Fax : 04 94 72 90 23
Site : www.chateaudessarrins.com
E-mail : info@chateaudessarrins.com

38 CHÂTEAU THUERRY
83690 VILLECROZE
Tel : 04 94 70 63 02
Fax : 04 94 70 67 03
Site : www.chateauthuerry.com
E-mail : thuerry@chateauthuerry.com

39 CHÂTEAU VAUDOIS
Lieu dit du Vaudois
Route de Saint Aygulf
83520 ROQUEBRUNE SUR ARGENS
Tel : 04 94 81 49 41
Fax : 04 94 81 11 87
Site : www.delli-resort.com
E-mail : chateauvaudois@delliresort.com

40 CHÂTEAU VIGNELAURE
Route de Jouques
83560 RIANS
Tel : 04 94 37 21 10
Fax : 04 94 80 53 39
Site : www.vignelaure.com
E-mail : info@vignelaure.com

Glossaire

A.O.P. : Appellation d'origine protégée.

Argilo-calcaire : composition du sol optimale pour la vigne.

Assemblage : élaboration des cuvées à partir de cépages différents.

Baie : grain de raisin.

Barrique : tonneau en bois (225 litres en général).

Bâtonnage : opération effectuée sur les blancs 1 à 2 fois par semaine pendant plusieurs mois, consistant à mélanger les levures en suspension dans les lies. Elle s'effectuait autrefois à l'aide de bâtons, et par pompage désormais.

Biodynamie : culture biologique respectant les cycles naturels de la nature et le calendrier astronomique.

Biologique : culture excluant les engrais et traitements chimiques de synthèse.

Cépage : variété de plant de vigne cultivée.

Chai : local abritant les contenants dans lesquels sont élevés ou stockés les vins.

Chapeau : parties solides du raisin qui forment une croute à la surface de la cuve de fermentation.

Charpenté : vin aux composantes solidement équilibrées.

Collage : clarification et stabilisation du vin au moyen d'une « colle » qui précipite les matières en suspension. La colle peut être composée de blanc d'œuf, protéines issues de vessies de poissons, ou mélange de gélatine et d'argile.

Compost : déchets à base de plantes, fertilisant naturel des sols.

Culture traditionnelle : respecte la nature, les raisins et les coutumes du terroir local.

Débourbage : clarification des jus par refroidissement, élimination des particules étrangères en suspens.

Drapeau (en) : technique artisanale (mais toujours efficace !) de refroidissement des cuves par évaporation : on les emmaillote de tissus mouillés.

Ecimage : raccourcissement de la partie supérieure de la vigne, permettant de lui redonner de la vigueur.

Effruitage : élimination d'une partie du raisin en formation, pour privilégier les plus belles grappes et limiter les rendements.

Egrappage (ou éraflage) : élimination des tiges de la grappe afin de n'en conserver que les baies.

Fermentation alcoolique : au cours de la vinification, processus transformant le sucre en alcool et en gaz carbonique, et le moût en vin.

Fermentation malolactique : transformation de l'acide malique en acide lactique par des bactéries lactiques, afin de désacidifier partiellement le vin.

Filtrage : élimination des dernières impuretés avant mise en bouteille.

Finale : fin de perception du vin en bouche.

Foudre : tonneau de grande contenance.

Foulage : opération de broyage du raisin pour faire éclater les grains sans les écraser.

Gobelet : façon de traiter la vigne.

Levure : champignon provoquant la fermentation alcoolique.

Lie : dépôt résiduel en fin de fermentation.

Macération : les baies non pressées macèrent à froid dans le pressoir pour éviter l'oxydation et garder leur typicitée quelques heures pour les blancs à une vingtaine pour les rosés. Les rouges macèrent à 25-30°de quelques jours à un mois pour en extraire les arômes et les tanins.

Marc : résidu solide du pressurage du vin.

Maturité : moment où le raisin est jugé (par le vigneron ou l'œnologue) digne d'être vendangé : selon le taux de sucre, le taux d'acidité, les taux des composés phénoliques et l'aspect des baies.

Moût : jus de raisin en cours de fermentation. Il est blanc quelle que soit la couleur de la peau.

Nez : perception olfactive du vin.

Note : détails de perception du vin en bouche.

Ouillage : remplissage total des cuves pour compenser l'évaporation du vin et lui éviter tout contact avec l'oxygène.

Pigeage : brassage consistant à casser le chapeau de marc et à enfoncer les matières solides dans le jus.

Pressurage : procédé destiné à extraire l'essentiel du jus par pression douce ($2kg/cm^2$).

Rafles : pédoncules de grappes qui poussent sur les sarments.

Remontage : recyclage du jus du fond de cuve sur les matières solides en suspension pour éviter le dessèchement du chapeau ; favorise l'extraction des tanins.

Rendement : quantité d'hectolitres produits par hectare.

Saignée : opération consistant à récupérer prématurément le moût en cours de fermentation ; généralement réservée au rosé.

Soutirage : transvasement du vin d'une cuve (ou tonneau) à l'autre pour éliminer le gaz carbonique et les plus grosses lies, et pour l'oxygéner.

Tanins (ou tannins) : présents dans la rafle, les pépins et la peau des grains, participent à la couleur, au goût et à l'évolution du vin.

Vin de goutte : jus ou vin qui s'écoule des raisins foulés mais non pressés.

Vin de presse : vin rouge s'écoulant du marc placé dans un pressoir, peut être additionné de vin de goutte si ce dernier manque de tanins.

Bibliographie

- «L'Atlas des Vins de France», par Laure Gasparotto *(éditions De Monza- Le Monde)*.
- «Le Vin», par André Dominé *(éditions Place des Victoires)*.
- «Encyclopédie du Vin», par Jancis Robinson *(éditions Hachette)*.

Remerciements du photographe

Respirer, regarder, écouter, admirer, s'émerveiller, avancer, s'oublier, partir, revenir et enfin s'ouvrir à l'autre, aux autres.

Merci à Jean Richard Fernand pour sa confiance, sa disponibilité et son amitié.
Merci à Pascal Pronnier pour ses précieux conseils, merci à ma famille pour sa patience, merci à toi le photographe inconnu d'Ardèche qui sans même le savoir m'a ouvert les yeux sur ce métier, merci à Angélina pour sa créativité, merci à David et Stéphane pour ce projet et enfin, un grand merci à tous les gens qui m'entourent et m'ont permis d'arriver jusque là.

site internet du photographe : www.hervefabre.com
email: contact@hervefabre.com

Crédits

Impression :

Imprimé en France
sur les presses de

13420 Géménos

Création / Réalisation :

Réalisé par l'agence de communication

Notre mission : être force de proposition et vous permettre d'atteindre vos objectifs.

Pour le compte des éditions :

Sudarenes Editions
19 rue des cigalons
83400 Hyères
www.sudarenes.com

Dépôt légal : Décembre 2015

N° d'impression : 1509-142
ISBN : 978-2-374640-05-1